중소기업을 위한
법률, 회계가이드

중소기업을 위한
법률, 회계가이드

© 이성우 · 최연석 · 신기현 · 김민진 · 김세영, 2025

초판 1쇄 발행 2025년 7월 30일

지은이　　이성우 · 최연석 · 신기현 · 김민진 · 김세영
펴낸이　　이기봉
편집　　　좋은땅 편집팀
펴낸곳　　도서출판 좋은땅
주소　　　서울특별시 마포구 양화로12길 26 지월드빌딩 (서교동 395-7)
전화　　　02)374-8616~7
팩스　　　02)374-8614
이메일　　gworldbook@naver.com
홈페이지　www.g-world.co.kr

ISBN　979-11-388-4555-7 (03360)

" 중소기업을 위한 법률, 회계 가이드 "

이성우・최연석・신기현・김민진・김세영 지음

좋은땅

서문

 이 책의 변호사 필자들은 모두 법무부 산하 '9988 중소기업 법률지원단' 소속 변호사입니다. '9988'은 99%의 중소기업과 88%의 중소기업 근로자의 숫자에서 따온 것으로 그만큼 중소기업이 우리 경제를 이끈다는 의미입니다.

 하지만 중소기업 관계자분들이 막상 법률적 문제가 발생하였을 때 대기업·중견기업과 달리 중소기업은 어떤 변호사와 접촉해야 하는지, 법률비용은 어느 정도 부담해야 하는지 고민이 적지 않은 것으로 알고 있습니다. 이에 따라 저희 공저자들은 이 책을 통하여 중소기업 법률지원단 제도를 소개해 드리고, 중소기업 사건을 처리하면서 '미리 알았더라면 해당 분쟁에 휘말리지 않았을 텐데', 혹은 '소송에서 더 좋은 결과가 있었을 것인데' 하는 주제를 선정하여 한 권의 책에 담아 보았습니다.

 구체적으로 근로자의 경업 내지 전직금지약정의 유효성, 계속적 거래계약해지에 있어서 유의점, 영업비밀 침해, 임직원의 배임행위, 동업관계, 법인격부인론, 공정거래법상 담합, 소위 '갑-을' 관계가 문제되는 하도급법 관련 제반 이슈, 차명주식 환원, 직장 내 괴롭힘, 개인정보보호와 제3자 제공, 저작권 CASE, 스타트업 투자계약의 유의점, 취득 관련 비용·자산처리, 개발비 자산 이슈, 외부감사의 의미, 가지급금 관련 이슈, 회계 장부 작성 방식, 대출·투자의 차이점, 지점 선택 여부 등의 법률 및 회계 관런 엄선한 32가지 주제들은 중소기업을 운영함에 있어서 한 번 정도는 부 딪힐 수 있는 주요한 법적, 회계적 문제일 것입니다.

가급적 글의 형식은 독자분들이 읽으시기에 딱딱하지 않도록 중소기업 관련 사건으로 실제 접했던 사례 내지 접할 수 있는 사례를 먼저 제시한 뒤, 법리와 유사한 사례, 사례에 대한 결과 등의 순으로 설명 드리는 방식 을 취했습니다.

더불어 중소기업법률지원단, 기술보호법무지원단, 중소벤처기업부비 즈니스지원단, 한국콘텐츠진흥원 해외수출센터 법률지원 등을 통한 지원 절차도 부록으로 상세히 기재하였습니다.

아무쪼록 이 책을 통하여 많은 중소기업인들이 법률적, 회계적 도움을 받으시길 바라며, 마지막으로 공저자를 대표하여 바쁘신 시간을 쪼개어 집필에 참여해 주신 최연석 변호사, 신기현 변호사, 김민진 변호사, 김세 영 회계사께 감사 말씀 드립니다.

공저자를 대표하여, 이성우 씀

목차

신기현 변호사

김민진 변호사

|| **김세영 회계사** ||

이성우 변호사

이성우 변호사

법무법인(유한) 한별 파트너 변호사
www.hanbl.co.kr
swleejin@gmail.com
blog.naver.com/leesungwoo_lawyer
brunch.co.kr/@lswbrunch

- 법무법인(유한) 한별 변호사

- 성균관대학교 법과대학 졸업

- 前 한국은행 조사역

- 제45회 사법시험 합격, 사법연수원 35기

- 금융전문변호사(대한변협 인증)

- 한국경제신문 The Moneyist 필진

- 헤럴드경제신문 법률분야 필진

- 2013년 법무부 장관상 표창(중소기업 법률지원 유공)

- 2023년 대한변호사협회 우수변호사상(변론분야우수)

- 2024년 법무부 장관상 표창(중소기업 법률지원 유공)

- 저서 - 이성우변호사의 변론외전

주요 업무분야는 금융소송으로 동양사태 소송 등 각종 금융투자상품 소송에 많은 실무경험이 있으며, 회사경영분쟁 및 부정경쟁방지법상의 분쟁 등 회사 관련 민·형사사건에서도 좋은 성과를 내고 있습니다.

이러한 성과를 바탕으로 '이성우 변호사의 변론외전(금융분쟁을 중심으로)'을 집필한 바 있으며 파이낸셜뉴스 fn논단 칼럼위원 등을 역임하였고 현재는 한국경제신문 The Moneyist, 헤럴드경제신문 필진으로 활동하면서 여러 가지 법률문제에 대해서 정보제공을 하고 있습니다.

더불어 중소기업법률지원단 자문변호사로 2013년과 2024년 두 차례에 걸쳐 법무부장관상(중소기업지원유공)을 표창 받는 등 중소기업을 위한 자문 및 소송에도 힘쓰고 있습니다.

제가 선정한 주제의 글들은, 단순한 법 이론을 나열한 것이 아닌 대부분 중소기업을 대리하면서 겪었던 사례를 토대로 사실관계를 각색하여 작성되었습니다. 이 글을 읽으시는 중소기업 법무 관련 실무자분들께 실질적인 도움이 되길 바랍니다.

〈사례 1 - 경업금지〉

을은 갑 회사와 임원계약을 체결하였는데, 해당 계약서에는 경업금지 의무를 위반할 경우 위약벌 명목으로 금 5천만 원을 지급하는 경업금지의무조항을 포함하였다.

임원계약상 경업금지의무조항은 '계약기간 및 계약 종료 후 1년 동안 갑 회사의 영업과 동종 또는 유사 업체에 취업하거나, 이러한 영업을 창업하거나 또는 이러한 행위를 하는 제3자에게 도움이 되거나 관계되는 행위(위임, 자문, 고문 등의 행위를 포함하며 이에 한정되지 아니함)를 하지 아니할 것이며, 위와 같은 행위 등을 일체 하지 아니한다'는 내용을 규정하고 있었다.

을은 갑 회사 사직 후 6개월 만에 경쟁업체에 자문역으로 취업하였다가 정식 입사를 하여 갑 회사에서 했던 업무와 사실상 동일한 업무를 하였다.

이를 인지한 갑 회사는 을을 상대로 경업금지약정 위반을 이유로 위약벌을 청구하는 소송을 제기하였다.

임·직원이 퇴사 후 회사의 경쟁업체로 전직하거나 심지어 회사를 다닐

때의 자료를 유용하거나 기존에 해 왔던 방식으로 경쟁업체에서 영업을 하는 경우가 종종 있습니다. 이때 대표이사를 비롯한 회사 운영자는 퇴사한 임직원을 상대로 경업금지 위반에 대한 손해배상이나 전직금지 청구를 하는 경우가 종종 있습니다.

이런 경우 필자는 그와 같은 청구가 좀처럼 쉽게 인용되지 않는다는 점을 우선 설명해 드립니다.

법원은 **기본적으로** 위와 같은 경업금지약정이나 전직금지약정이 존재한다고 하더라도, 그와 같은 약정이 헌법상 보장된 **근로자의 직업선택의 자유**와 근로권 등을 과도하게 제한하거나 자유로운 경쟁을 지나치게 제한하는 경우에는 민법 제103조에 정한 선량한 풍속 기타 사회질서에 반하는 법률행위로서 **무효**라고 보기 때문입니다.

다만 **예외적으로 경업금지약정**을 통하여 보호할 가치가 있는 회사의 영업비밀이나 노하우, 고객관계 등이 존재한다거나 경업금지약정이 근로자의 자유와 권리에 대한 합리적인 제한으로 인정되는 경우라는 **아주 엄격한 요건하에서 그 유효성을 인정**하고 있습니다.

위 사례에서 법원은 경업금지약정을 통해 보호받아야 한다고 주장하는 원고의 영업 비밀이 일반적인 지식과 경험을 넘어서 동종 회사에는 없는 독자적인 전략, 정보나 노하우에 해당한다고 볼 만한 자료가 부족한 점, 경업금지약정에 대한 특별한 대가를 지급하였다고 볼 증거가 없는 점, 갑 회사가 을에게 지급한 보수에 단순한 근로의 대가나 업무수행에 필요한 비용을 넘어서 퇴직 후 1년까지 전직을 금지하는 의무를 부과하는 데에 대응하는 대가가 포함되어 있다는 점을 인정하기 어려운 점 등를 종합하여 원고의 청구를 기각하였습니다.

법원은 **전직금지약정**의 유효성에 대해서 **보호할 가치 있는 근로자의 이익, 근로자의 퇴직 전 지위, 경업 제한의 기간·지역 및 대상 직종, 근로자에 대한 대가의 제공 유무, 근로자의 퇴직 경위, 공공의 이익 및 기타 사정 등을 종합적으로 고려**하여야 하고, 여기에서 말하는 '보호할 가치 있는 근로자의 이익'이라 함은 부정경쟁방지 및 영업비밀보호에 관한 법률

제2조 제2호[1]에 규정된 '영업비밀뿐만 아니라 그 정도에 이르지 아니하였더라도 당해 근로자만이 가지고 있는 지식 또는 정보로서 근로자와 이를 제3자에게 누설하지 않기로 약정한 것이거나 고객관계나 영업상의 신용의 유지도 이에 해당한다'고 판단한 바 있습니다(대법원 2013. 10. 17.자 2013마1434 결정).

그러면 전직금지가처분결정이 인용된 위 사례 2를 조금 더 살펴보면, 어떤 경우에 전직금지약정이 유효한지 알 수 있습니다.

해당 사례에서 해당 임원은 근로계약서 외에도 별도의 다음과 같은 영업비밀 등 보호서약서를 작성하였습니다.
보호서약서 내용 중 일부는 다음과 같았습니다.

> - 본인은 퇴직일로부터 **2년**간, 재직기간 중 지득한 **별첨1. 영업비밀** 등이 누설되거나 이용될 가능성이 있는 회사를 창업하거나 국내외 **별첨2. 경쟁업체**에 전직하지 않도록 하겠습니다.
> - 또한 본인은 위 국내외 경쟁업체와 동업계약, 자문계약, 용역계약 등을 체결하거나 위 국내외 경쟁업체 이외의 제3의 업체에 재직하면서 위 국내외 경쟁업체에서 진행하는 회의에 참석하거나 컨설팅 내지 노무 등을 제공하거나 기타 협력하는 방법으로 별첨1.의 영업비밀 등을 활용한 연구,

---

[1] 제2조(정의) 이 법에서 사용하는 용어의 뜻은 다음과 같다.
제2호 "영업비밀"이란 공공연히 알려져 있지 아니하고 독립된 경제적 가치를 가지는 것으로서, 비밀로 관리된 생산방법, 판매방법, 그 밖에 영업활동에 유용한 기술상 또는 경영상의 정보를 말한다.

개발 업무에 종사하지 않도록 하겠습니다.

- 본인은 퇴직 시 경업금지 약정의 대가로 귀사로부터 [해당 사례에서는 을의 1년치 연봉]원을 별도로 지급받겠습니다.
- 본인은 위 경업금지 약정을 위반할 경우 위약벌로서 [을의 1년치 연봉의 2배]를 지급하고, 위 위약벌의 지급 외에도 경업금지 약정 등 본 서약서상의 의무위반에 따라 발생한 일체의 손해에 대해서도 별도의 배상책임이 있음을 확인합니다.

위에서 법원은 전직금지약정의 유효성 또한 보호할 가치 있는 근로자의 이익, 근로자의 퇴직 전 지위, 경업 제한의 기간·지역 및 대상 직종, 근로자에 대한 대가의 제공 유무, 근로자의 퇴직 경위, 공공의 이익 및 기타사정 등을 종합적으로 고려한다고 하였는데, 해당 사례에서는 어떻게 적용되었는지 살펴보겠습니다.

- 근로자의 이익

회사가 보유하고 있는 OLED 관련 디스플레이 제작기술은 회사가 상당 기간 노력을 들여 개발한 것들로서 외부에서 취득하기 어려운 정보인 반면, 이러한 정보가 경쟁업체에 유출되었을 경우 경쟁업체는 회사가 겪었던 시행착오를 생략하고 기술개발을 진행할 수 있는 이익을 얻게 되어 회사에 상당한 손해가 발생할 것으로 보이는 점

- 근로자의 퇴직 전 지위

근로자는 회사 제조센터에서 ****패널 관련 공정을 담당하였고, 불량 개선 등의 업무에 종사하였다. 이러한 근로자의 퇴사 전 지위, 담당 업무, 근무 기간 등에 비춰 볼 때 근로자는 위 공정의 핵심적인 정보를 취급할 수 있었을 것이다.

> **- 근로자에 대한 대가의 제공 유무**
>
> 회사는 전직금지약정에 따라 근로자에게 **전직금지약정금 명목으로 근로자의 연봉 1년치에 해당하는 금액을 지급하였다.**
>
> **- 경업제한의 기간, 지역 및 대상 직종**
>
> 이 사건 전직금지약정은 전직금지의 대상이 되는 경쟁업체를 구체적으로 나열하면서 전직금지 기간을 2년으로 정하고 있다. 이 사건 서약서에서 정한 전직금지대상이 지나치게 포괄적이라거나 전직금지기간이 과도하게 장기간이라고 단정하기 어렵다.
>
> **- 공공의 이익 및 기타 사정**
>
> 디스플레이 분야의 국제 경쟁이 치열한 상황에서 공정한 경쟁질서를 확립할 필요가 있는 점 등을 고려하면, 비록 이 사건 전직금지약정이 근로자의 직업선택의 자유를 일정 부분 제한한다고 하더라도 이를 유효하다고 볼 만한 공공의 이익이 있다고 보인다.

위 사례에서 법원은 **근로자가 전직금지의무를 부담하는 경쟁업체에 우회해외취업을 한 것이라는 갑 회사의 의심에 합리적인 이유가 있다고 보아, 회사의 근로자를 상대로 한 전직금지가처분 결정을 인용하였습니다.**

요컨대 전직금지약정에 있어서 전직금지청구를 구하는 회사가 영위하는 업종이 산업기술이나 영업비밀이 침해될 우려가 있는 회사인 경우, 전직금지기간이 2년 이내로 합리적 기간이고(다만 법원은 약정상 가령 2년의 전직금지기간에 대해서 1년 내지 6개월 등으로 그 기간을 줄여 유효성을 판단하기도 함), 전직금지의 경쟁업체가 구체적으로 나열되어 있으며(전직금지 대상 업체가 포괄적이고 광범위하면 무효로 판단 받을 가능성이 많음), 무엇보다 **전직금지약정에 대한 대가제공(통상적으로 퇴직 직전의 연봉 정도의 금액)이 퇴직 당시 상대방에게 제공**되거나 퇴직 당시가 아니더라도 **근로자에 대한 보수지급 약정이 전직금지약정을 하지 아니한 경우의 통상적인 보수 조건보다 상당히 유리한 점이 있어 거기에 전직금지약정에 대한 특별한 대가가 포함되어 있다고 인정될 경우** 해당 전직금지약정은 **유효**로 판단될 가능성이 높습니다.

여기서 법원이 전직금지약정의 유효성이 인정되기 위한 여러 가지 요소들을 나열하고 있지만, 가장 중요한 것은 사실 **전직금지 기간에 상당하는 반대급부 즉 금전을 지급하였는지**입니다. 이는 경업금지약정도 마찬가지입니다.

위에서도 언급하였지만 근로자로서 가장 중요한 것은 직업선택, 수행 및 이에 따른 급여 등인데, 회사가 아무런 반대급부도 제공하지 않고 무작정 경업 내지 전직금지를 강제할 수 없다는 것입니다.

아래 경업금지약정 위반으로 인한 손해배상청구 기각 사례를 보면 이러한 점을 더욱더 분명하게 확인할 수 있습니다.

〈사례 3 - 경업금지위반으로 인한 손해배상청구〉
갑 영어학원과 을 강사는 강사계약에 아래와 같은 내용으로 경업금지위반 시 손해배상 조항을 두었다.

- (계약기간)회사와 근로자의 계약기간은 이 계약일로부터 1년으로 한다.
- (경업금지)근로자는 사직, 해고 기타의 사유로 회사와의 근로계약관계가 종료된 후 12개월간 동종 분야의 업무에 종사하거나 동종 업체를 설립하지 아니한다. 단, 회사의 사업장 반경 5km를 벗어난 지역에서는 예외로 한다.
- (손해배상)이 계약을 위반 또는 불이행한 당사자는 상대방에게 그로 인하여 발생한 손해액의 3배에 해당하는 금액 및 학생 한 명당 5,000,000원 중 더 큰 금액을 손해배상금으로 지급한다.

을 강사는 갑 영어학원에서 퇴직한 후, 학원으로부터 약 2.2km 떨어진 곳에 영어학원을 설립하여 이를 운영하였고, 강사가 퇴직할 무렵 학원을 다녔던 학생 6명이 을 강사 학원으로 옮겨 가자, 갑 학원이 위 계약에 따른 경업금지 위반을 원인으로 손해배상 소송을 제기하였다.

법원은 이에 대해서 아래와 같은 이유로 갑 학원의 청구를 기각하였습니다.

① 회사와 근로자의 강의계약은 계약기간이 1년에 불과함에도, 근로자는 그 계약기간을 모두 마치고 퇴직하더라도 위 계약서의 경업금지약정에 따라 그 후 1년 동안은 경업금지의무를 부담하게 되는데, 이는 위 계약기간과 대비하여 볼 때 다른 특별한 사정이 없는 한 근로자의 부담이 과도하고,

② 회사가 제출·원용한 증거들만으로는 근로자에 대한 보수지급 약정이 경
   업금지약정을 하지 아니한 경우의 통상적인 보수 조건보다 상당히 유리
   한 점이 있어 거기에 경업금지약정에 대한 특별한 대가가 포함되어 있다
   고 인정하기 어려우며,
③ 회사 학원의 운영상 노하우 등이 수강생들의 선택에 별다른 영향을 미쳤
   다고는 보이지 않고 그 밖에 경업금지를 강제함으로써 보호할 만한 가치
   가 있는 회사의 이익이 있다고 보기 어려우며,
④ 그 밖에 근로자가 회사 학원에서 멀지 않은 곳에 동종의 학원을 개설·운
   영함으로써 수강생들의 학습권 보장이나 관련 업계의 영업질서 등과 관
   련한 공공의 이익이 침해된다고 보기도 어렵다.

위 사례 1, 2, 3을 살펴보았다시피 기본적으로 법원의 태도는 근로자의 직업선택의 자유 측면에서 전직(경업)금지약정의 유효성을 좀처럼 인정해 주지 않습니다.

요컨대 영위하는 업종이 특히 산업기술이나 영업비밀이 침해될 우려가 있는 회사일 경우, 단순히 경업 내지 전직금지조항의 일반적 내용을 담을 것이 아니라 변호사 등 전문가의 법적 자문을 받아 위와 같은 보호서약서 내용을 반드시 참조하여 근로자와의 경업금지 내지 전직금지약정이 유효하도록 조치를 취하여야 할 것입니다.

〈사례〉

갑은 자동차대여업을 하는 회사이고, 을은 근로자파견사업을 하는 회사로, 을이 갑에게 콜센터 용역업무를 제공하는 내용의 고객상담업무 도급운영 서비스계약을 상호 체결하였다. 갑은 을에게 파견인원의 급여 단가 총액에 일정 비율의 일반관리비와 이윤 및 부가가치세를 더한 금액을 파견비용으로 지급하는 대신, 을은 소속 직원에게 콜센터 팀장을 맡기고, 콜센터의 전화상담 업무를 담당할 상담원들을 고용하여 계약에 따른 용역 업무를 수행하기 시작하였다.

위 서비스계약상 해지조항에는 '일방이 본 계약상의 의무사항을 현저히 위반하여 타방으로부터 별도의 서면으로 시정요청을 받고도 1개월 이내에 이를 시정하지 아니한 경우'에 해지할 수 있다는 내용을 규정하고 있었다.

용역업무 수행 계약 기간이 얼마 지나지 않아, 갑은 을에게 시정요청서를 송부하기는 하였으나, 시정 기간인 1개월이 도래하지 않은 상태에서 '근로자파견사업 부실이행을 이유로 한 도급계약 해지통보'라는 제목으로 내용증명 우편을 보냈다.

그러자 을은 갑에게, 해지통보가 무효임을 확인함과 동시에 해지통보 이후 애초 약정된 계약만료 시까지의 도급대금지급을 구하는 소송을

　기업운영에 있어 업무 특성상 외주가 많은 부분을 차지하거나 필수불가결한 경우가 종종 있습니다. 그런 외주계약은 상당한 계약 기간을 설정하여 체결하는 경우가 많습니다. 이러한 계약관계를 통상 '계속적 거래관계'라고 표현을 하는데, 계약 기간 동안 상대방의 업무 수행이 마음에 들지 않는다는 이유로 계약을 해지하는 경우가 종종 있습니다.

　통상 계속적 거래관계의 경우 이른바 갑을 관계인 경우가 많아 이런 경우 을은 갑에 대한 법적 조치를 취하지 않거나, 갑이 다른 거래관계를 통해서 을에게 보상하여 흐지부지 넘어가는 경우가 대부분입니다. 그러나 서로 간에 더 이상 거래할 가능성이 없는 경우 을은 갑에 대한 법적 조치를 하는 경우가 있습니다.

　만약 법원에서 계약해지가 절차적 요건을 갖추지 못하거나 실체적인 측면에서도 해지의 요건을 갖추지 못하였다고 판단될 경우, 갑은 해지 이후 남아 있는 기간 동안 용역은 용역대로 받지 못하고 을에게 금전적인 손해를 배상해야 하는 문제가 발생합니다.

　그 손해는 통상 잔여기간 동안 계약상 용역대금과 일치하지는 않으나 비용을 제외한 영업이익 상당의 금원으로 인정되기에 이러한 부분을 설명 드리고자 합니다.

　계속적 거래관계 계약에는 통상 아래와 같은 해지조항을 두고 있습니다.

> 1. 갑과 을은 일방이 본 계약상의 의무사항을 현저히 위반하여 타방으로부
>   터 별도의 서면으로 시정요청을 받고도 1개월 이내에 이를 시정하지 아니
>   한 경우에 해지할 수 있다.
> 2. 전항의 계약 해지의 효력은 해지통보가 서면으로 상대방에게 도달한 때
>   로부터 효력이 발생한다.

위 사례에서는 시정요청기간이 1개월이었으나, 법원은 계약상 시정 조치를 1개월로 규정하였더라도 해당 거래 통념상 도저히 1개월 내로 시정할 수 없어 그 기간을 초과 후 합리적 기간 내에 시정한 경우, 이를 시정조치 불이행으로는 보지 않습니다.

이에 따라 일방이 계약을 해지하기 위하여는, ① 타방이 계약상의 의무사항을 현저히 위반하였고, ② 이에 일방이 타방에게 별도의 서면으로 위 의무사항 위반에 대한 시정을 요청하였음에도, ③ 타방이 1개월 이내에 이를 시정하지 아니한 경우여야 합니다.

<u>위 세 가지 요건이 모두 갖추어진 경우 일방의 해지권이 발생하여 계약 당사자는 이를 이유로 상대방에게 해지통고를 할 수 있는 것</u>입니다.

그러므로 ① 타방이 계약상의 의무사항을 위반한 사실 자체가 없거나 위반하였더라도 사소한 위반인 경우, ② 일방이 서면으로 통지하지 않고 구두로나 유선으로 시정을 요청한 경우, ③ 만약 타방이 1개월 내지 상당한 기간 내에 시정조치를 한 경우, ④ 일방이 1개월 내지 상당한 기간이

경과하기 전에 해지통보하는 경우는, 일방은 해지를 할 수 없거나 해지하였더라도 절차적, 실체적 요건을 갖추지 못하여 그 해지는 효력이 없게 됩니다.

위와 같이 해지의 효력이 갖춰지지 않았음에도 갑은 을과의 해지가 유효하다고 일방적으로 믿고 병과 동일한 내용의 별도 용역계약을 체결하는 경우가 있습니다. 여기서 심각한 문제가 발생합니다.

위와 같은 해지는 무효이므로 을과의 계약은 여전히 유효한 상태에서 병과의 이중 계약이 병존하게 되었습니다. 즉 을과의 계약이 여전히 유효하므로 을은 갑에게 나머지 계약 기간 동안의 용역대금을 청구할 수 있습니다. 갑은 설사 해지가 무효라고 하더라도, 병으로부터 용역을 받고 있고 을로부터는 용역 받은 것이 없으므로 갑, 을 상호 간의 정산 문제가 없다고 생각합니다.

그러나 부당하게 해지 당한 일방은 용역업무를 제공하지 못하였더라도 민법 제538조 제1항 본문[2]에 따라 타방에게 남은 계약기간 동안의 용역대금을 청구할 수 있습니다.

물론 여기서 잔여기간 동안 용역대금 전체가 인정되는 것은 아니고 용

---

[2]   제538조(채권자귀책사유로 인한 이행불능)
    ① 쌍무계약의 당사자 일방의 채무가 채권자의 책임있는 사유로 이행할 수 없게 된 때에는 채무자는 상대방의 이행을 청구할 수 있다. 채권자의 수령지체 중에 당사자쌍방의 책임없는 사유로 이행할 수 없게 된 때에도 같다.
    ② 전항의 경우에 채무자는 자기의 채무를 면함으로써 이익을 얻은 때에는 이를 채권자에게 상환하여야 한다.

     중소기업을 위한 법률, 회계가이드

역 수행에 있어 통상적으로 지출되는 비용이 공제됩니다. 쌍무계약의 당사자 일방의 채무가 채권자의 책임 있는 사유로 이행할 수 없게 되어 채무자가 상대방의 이행을 청구하는 경우에 채무자는 자기의 채무를 면함으로써 이익을 얻은 때에는 이를 채권자에게 상환하여야 하며(민법 제538조 제2항), 이는 채무자가 계약이 통상 이행되었을 때보다 더 유리한 지위에 놓이는 것을 방지하기 위한 것이기 때문[3]입니다.

위 사례에서도 법원은 잔여기간 동안의 도급대금 청구는 인정하되, 을이 갑에 대한 용역업무를 제공할 채무를 면함으로써 계약 해지 이후 용역업무에 상담 직원을 투입하지 않았고 급여 등 인건비를 지출하지 않았으므로 급여 등 인건비 지출 채무를 면하는 이익을 얻었다고 봄이 상당하다고 보아, **도급대금에서 인건비 등의 항목을 공제한 금액**을 인용금액으로 삼았습니다.

더불어 위 사례에서는 2년의 계약 기간 중 3개월이 지난 상태에서 부당해지 되었다고 보아, 21개월의 도급대금이 손해 산정 기준 금액이었습니다. 만약 계약기간이 2년보다 더 길었다면, 갑이 지급해야 할 배상액이, 남아 있는 계약 기간 정도에 따라 더욱 커질 수 있으며 사실상 이중으로 대금을 지급해야 하는 셈입니다.

따라서 기업실무자 분들은 계속적 거래관계 계약의 해지를 매우 신중

---

3) 채무불이행이나 불법행위 등이 채권자 또는 피해자에게 손해를 생기게 하는 동시에 이익을 가져다 준 경우에는 공평의 관념상 그 이익은 당사자의 주장을 기다리지 아니하고 손해를 산정할 때 공제되어야 한다(대법원 2002. 5. 10. 선고 2000다37296, 37202 판결 참조).

하게 진행해야 할 것이며, 해지가 불가피하다고 판단될 경우 반드시 변호
사의 전문적인 조언을 거친 다음에 진행하시길 권해 드립니다.

중소기업을 위한 법률, 회계가이드

> ⟨사례⟩
>
> 을은 갑 회사에서 근무하던 중 퇴사를 결심하고 퇴사 전 배우자 병 명의로 별도의 개인사업체를 설립하였다. 을은 또한 퇴사 전 갑 회사의 기존 거래관계 회사들의 실무자들과 친밀한 관계를 이용하여 퇴사 전임에도 불구하고 거래처와의 일부 매출을 병 명의로 귀속하였다.
>
> 갑 회사는 이러한 사실을 알고 을을 업무상 배임죄 등으로 고소하였다.

위 사례는 필자가 피해자 회사를 대리하여 고소한 사건을 사실관계를 달리하여 각색한 것으로 해당 직원에 대해서 결국 업무상 배임죄의 유죄판결이 선고되었습니다.

먼저 업무상 배임죄는 타인의 사무를 처리하는 자가 업무상의 임무에 위배하는 행위로써 재산상의 이익을 취득하거나 제3자로 하여금 이를 취득하게 하여 그 본인에게 손해를 가한 때에 성립하는 범죄입니다.

여기에서 '임무에 위배하는 행위'라 함은 처리하는 사무의 내용, 성질 등에 비추어 법령의 규정, 계약의 내용 또는 신의칙상 당연히 하여야 할 것으로 기대되는 행위를 하지 않거나 당연히 하지 않아야 할 것으로 기대되는 행위를 함으로써 사무 처리를 위임한 본인과의 신임관계를 저버리는 일체의 행위를 의미합니다(대법원 2017. 11. 9. 선고 2015도12633 판결 등 참조).

더불어 상법 제17조 제1항은 '상업사용인[4]은 영업주의 허락 없이 자기 또는 제3자의 계산[5]으로 영업주의 영업부류에 속한 거래를 하지 못한다.'고 규정하고 있습니다.

또한 회사의 취업규칙에서 '업무상 기밀을 누설하여 회사에 피해를 입힌 자', '퇴직신고를 하지 않고 타 직장에 취업한 자', '직무를 이용하여 이익을 취한 자 또는 거래처의 향응을 제공받은 자'를 각 징계사유로 두고 있는 경우가 많습니다.

이에 대법원 판례(대법원 1988. 4. 25. 선고 87도2339 판결 등 참조)는 위 사례와 유사한 경우와 관련하여

<u>'회사의 임직원으로 근무하면서 직원의 통솔, 거래처의 관리, 물품의 발주와 수금 등 영업 전반에 관한 업무를 관장하고 있었다면 그 임직원은 회사를 위하여 성실히 근무하고 사업비밀을 유지하며 경업을 하여서는 아니 될 업무상 임무가 있다</u> 할 것이다.

---

4)　상업사용인(商業使用人)이란 상법상의 개념으로 특정한 영업주에 종속되어 대외적인 영업 업무에 종사하는 사람을 뜻합니다.

5)　여기서 계산이란, 명의와 상관없이 당해 행위로 인한 경제적 손익(손실과 이익)이 누구에게 귀속되는지에 관한 기준입니다.

따라서 그 임직원이 독자적인 계산[6] 아래 별도의 업체를 만들어 회사의 거래업체에다 동일한 물건을 납품한 행위는 회사와의 신임관계를 저버리는 행위로서 업무상 배임죄가 성립한다'고 판시하였습니다.

또한 업무상 배임죄에서 재산상 손해의 유무에 관한 판단은 법률적 판단에 의하지 아니하고 경제적 관점에서 실질적으로 판단하여야 합니다. 여기에는 재산의 처분 등 직접적인 재산의 감소, 보증이나 담보제공 등 채무 부담으로 인한 재산의 감소와 같은 적극적 손해를 야기한 경우는 물론, 객관적으로 보아 취득할 것이 충분히 기대되는데도 임무위배행위로 말미암아 이익을 얻지 못한 경우, 즉 소극적 손해를 야기한 경우도 포함됩니다.

그러므로 사례의 경우 거래처와의 매출 취득이 객관적으로 충분히 기대됨에도 근로자의 임무위배행위로 말미암아 회사가 매출을 얻지 못한 경우에도 회사의 손해로 보아 업무상 배임죄의 재산상 이익을 산정하게 됩니다.

이러한 배임행위는 그야말로 회사를 야금야금 좀먹는 배신행위로, 회사를 조금씩 무너뜨리고 회사의 거래상대방과의 관계도 단절시키는 심각한 범죄행위입니다.

회사가 단순히 여러 명의 각자 대표이사를 두는 경우도 있지만 공동대

---

6) 여기서의 계산도 사례의 경우 사업체의 명의는 배우자이지만 실질적으로 이익의 귀속은 해당 임직원에게 실질적으로 귀속된다는 의미로 해석됩니다.

표이사를 두는 경우도 있습니다. 이 경우 두 공동대표이사 모두의 동의가 있어야 법률행위의 대·내외적 효력이 있습니다. 이런 장치를 두는 것은 결국 견제와 균형을 위한 것인데, 실무진의 경우도 마찬가지입니다.

특히 일정 금액 이상 내지 회사의 주요 거래행위에 대해서 실무자의 전결로 처리하게 할 것이 아니라, 동급자 간의 교차 결재 내지 상급자의 실질적인 결재를 거치게 해야 합니다.

더불어 임직원의 어떠한 행위가 업무상 배임으로 처벌될 수 있는지에 대한 사내 윤리교육도 상시 실시되어야 할 것입니다.

     중소기업을 위한 법률, 회계가이드

　　한동안 장안의 화제였던 JTBC 드라마 '재벌집 막내아들'을 보면, 재벌가 형제간 경영권 분쟁을 엿볼 수 있는데, 극 중 미라클인베스트먼트의 오세현 대표(박혁권 扮)가 진도준 이사(송중기 扮)에게 '유류분반환청구를 해 보라'는 대사가 나옵니다. 그러면 이 유류분이라는 게 무슨 의미일까요? 이 단어를 한 번 정도는 들어 보셨을 것 같습니다.

　　유류분(遺留分), 단어 자체도 어렵습니다. '남길 유(遺)', '머무를 유(留)' 이니, 해석하면 유산(遺産) 중에 따로 유보(留保)해 둬야 하는 상속분(分) 정도의 의미입니다.

　　민법전을 살펴보면, 유류분 관련 조항[7]이 제일 끄트머리에 위치해 있는

---

7)　제1112조(유류분의 권리자와 유류분) 상속인의 유류분은 다음 각 호에 의한다.
　　1. 피상속인의 직계비속은 그 법정상속분의 2분의 1
　　2. 피상속인의 배우자는 그 법정상속분의 2분의 1
　　3. 피상속인의 직계존속은 그 법정상속분의 3분의 1
　　4. 삭제〈2024. 9. 20.〉
　　[2024. 9. 20. 법률 제20432호에 의하여 2024. 4. 25 헌법재판소에서 위헌 결정된 이 조 제4호를 삭제함.]
　　[헌법불합치, 2020헌가4, 2024. 4. 25., 민법(1977. 12. 31. 법률 제3051호로 개정된 것) 제1112 조 제1호부터 제3호 및 제1118조는 모두 헌법에 합치되지 아니한다. 위 조항들은 2025. 12. 31. 을 시한으로 입법자가 개정할 때까지 계속 적용된다.]
　　제1113조(유류분의 산정) ① 유류분은 피상속인의 상속개시시에 있어서 가진 재산의 가액에 증 여재산의 가액을 가산하고 채무의 전액을 공제하여 이를 산정한다.

데 친족, 상속분쟁에 있어서 이혼 사건만큼 분쟁이 많은 게 유류분 사건이고 조문 내용도 복잡합니다.

개인 간의 유류분 분쟁뿐만 아니라 회사 대주주('오너'라고도 칭해짐)가 사망하는 경우 대주주의 상속인들끼리 상속분쟁이 발생하면서 유류분반환청구소송이 심심치 않게 일어납니다.

기업실무자들 또한 기업 대주주 사후 경영권 분쟁을 방지하기 위해서라도 어느 정도는 개념을 알고 있어야 할 것 같아서 주제로 삼아 보았습니다.

쉽게 예를 들어 보겠습니다. 홍재벌은 자녀 홍길동과 홍길순이 있고 사망 시 재산이 1억만 있다고 가정합니다. 홍재벌[피상속인(被相續人)]이 사망하면, 상속인 홍길동과 홍길순에게 1억 원의 1/2씩 각 5천만 원이 상속됩니다. 기업과 관련해서는 위 1억 원을 회사 주식 1억 주(株)로 대체해서 생각해도 됩니다.

그런데 만약 홍재벌이 홍길동에게만 1억 원을 남기겠다고 유언하였다면, 홍길순은 상속을 전혀 받지 못하게 됩니다. 이때 홍길순은 홍길동에

---

② 조건부의 권리 또는 존속기간이 불확정한 권리는 가정법원이 선임한 감정인의 평가에 의하여 그 가격을 정한다.

제1114조(산입될 증여) 증여는 상속개시전의 1년간에 행한 것에 한하여 제1113조의 규정에 의하여 그 가액을 산정한다. 당사자 쌍방이 유류분권리자에 손해를 가할 것을 알고 증여를 한 때에는 1년전에 한 것도 같다.

제1115조(유류분의 보전) ① 유류분권리자가 피상속인의 제1114조에 규정된 증여 및 유증으로 인하여 그 유류분에 부족이 생긴 때에는 부족한 한도에서 그 재산의 반환을 청구할 수 있다.

② 1제1항의 경우에 증여 및 유증을 받은 자가 수인인 때에는 각자가 얻은 유증가액의 비례로 반환하여야 한다.

  중소기업을 위한 법률, 회계가이드

게, '나의 법정 상속분 5천만 원의 1/2[8]만큼인 2,500만 원은 나에게 유보되어야 하므로 그만큼은 반환해달라'고 하는 것이 유류분반환청구권입니다.

유류분반환청구의 의사를 반드시 소송을 통해서 표시할 필요는 없으며, 피상속인이 생전에 다른 형제에게 증여한 사실 혹은 피상속인의 사망 이후 그러한 증여 유언내용을 인지하고 가족들이 모인 자리에서, 자신의 몫을 달라고 요구한 것도 유류분반환청구권의 행사방법으로 볼 수 있습니다[9]. 상대방이 이에 응하지 않는 경우 유류분반환청구소송을 제기할 수밖에 없는 것은 물론입니다.

그런데 민법 제1117조는 유류분권리자(홍길순)가 상속의 개시와 반환하여야 할 증여 또는 유증을 한 사실을 안 때로부터 1년 내에 유류분반환청구를 하지 아니하면 시효에 의하여 소멸하며 상속이 개시한 때(위 사례에서 홍재벌의 사망)로부터 10년을 경과한 때도 같다고 규정하고 있습니다.

위 사례에서는 홍재벌이 홍길동에게 1억 원을 모두 증여한다는 유언을

---

8)　제1112조(유류분의 권리자와 유류분) 상속인의 유류분은 다음 각 호에 의한다.
　　1. 피상속인의 직계비속은 그 법정상속분의 2분의 1
9)　유류분반환청구권의 행사는 재판상 또는 재판 외에서 상대방에 대한 의사표시의 방법으로 할 수 있고, 그 의사표시는 침해를 받은 유증 또는 증여행위를 지정하여 이에 대한 반환청구의 의사를 표시하면 그것으로 족하고 그로 인하여 생긴 목적물의 이전등기청구권이나 인도청구권 등을 행사하는 것과는 달리 그 목적물을 구체적으로 특정하여야 하는 것은 아니며, 민법 제1117조 소정의 소멸시효의 진행도 위 의사표시로 중단된다(대법원 1995. 6. 30. 선고 93다11715 판결, 대법원 2002. 4. 26. 선고 2000다8878 판결 등 참조).

홍길순이 안 때로부터 1년 내에 홍길동에게 유류분반환청구의 의사표시를 하여야 합니다.

만약 위 기간이 경과한 후 홍길순이 홍길동에게 유류분반환소송을 제기한 경우, 홍길동은 '옳거니' 하면서 홍길순의 청구가 시효로 소멸하였다고 주장할 가능성이 있습니다. 그러나 설명 드린 바와 같이 유류분반환청구의 의사표시는 반드시 소송으로만 표시할 필요는 없고 사후 유언을 안 때로부터 1년 내에 가족들 모임에서 1억 원 유증 중 내 몫을 달라고 한 사실이 입증된 경우, 기간이 도과되지 않았다고 판단[10]될 수 있습니다.

사실 이 제도는 국내 민법이 처음 제정됐던 1955년에는 없다가 1977년 도입되었습니다. 예전에는 부모가 장남에게 유산을 몰아주는 경우가 적지 않아서 나머지 형제자매가 위 권리를 통해서 어느 정도 유산을 받을 수 있었기에 합리성을 가지고 있는 제도였습니다.

그런데 사회가 복잡다기해지면서 유류분의 여러 문제점이 노정(露呈)되었고 과연 피상속인의 생전 증여, 유언 등의 재산권 행사를 유류분이라는 제도로 제한하는 것(위 사례에서 홍재벌의 의사와 무관하게 유류분반

---

10)　①망인의 사망 후 매해 명절 때마다 원고들이 피고에게 자신의 몫을 달라고 하였고, 2011. 11. 10.경 이 사건 각 부동산에 관한 토지대장을 확인하여 망인의 증여 등을 알게 된 이후부터 매년 설날 및 추석에 피고에게 각자의 몫을 달라는 요구를 하였다는 증인들의 증언이 신빙성 있음,

　　②원고들이 망인의 증여 등을 알고 피고에게 각자의 몫을 달라고 요구한 것은 유증 또는 증여 행위를 지정하여 이에 대한 반환청구의 의사를 표시한 행위로 볼 수 있는 점 등에 비추어, 원고들은 망인의 사망 직후부터 망인의 재산을 관리하던 피고에게 자신의 상속분을 요구하다가 2011. 11. 10.경 이 사건 각 부동산에 관한 토지대장을 확인하면서 망인의 증여 등 사실을 정확하게 알게 된 후 첫 명절인 2012. 1. 23., 즉 유류분 침해를 안 때로부터 1년 이내에 피고에게 유류분의 반환을 요구하였으므로, 민법 제1117조가 정한 기간 내에 유류분반환청구권을 행사하였다(서울고등법원 2023나2002181 유류분에 기한 소유권이전등기청구 판결요지).

환청구를 통해 홍길순에게 일정 상속재산이 귀속되게 됨)이 헌법에 위반되는 것이 아니냐 하는 문제가 지속적으로 제기되었습니다.

이에 2024년 헌법재판소는 유류분제도 자체는 합헌이나 관련 민법 일부 조항에 대해서 위헌 등으로 판단하였습니다(2024. 4. 25.자 2020헌가4 전원합의체 결정). 그 내용을 순차적으로 살펴보도록 하겠습니다.

형제가 유류분반환청구를?

많은 형제들이 복작복작하게 한 집에서 살던 세대는 거의 없어지고 핵가족화를 넘어 1인 가구도, 무자녀 가정도 적지 않습니다.

만약 무자녀인 미혼 독신자분이 부모님도 돌아가신 상태에서, 자신의 재산 모두를 생전 공익재단에 기부하였거나 유언으로 재단에 기부하겠다고 하고 사망하였을 경우에 이제까지는 망인의 형제는 망인의 의사와 무관하게 재단을 상대로 유류분반환소송을 제기할 수 있었습니다.

그런데 헌법재판소는 위 전원합의체 결정에서 피상속인의 형제에게는 상속재산형성에 대한 기여나 상속재산에 대한 기대 등이 거의 인정되지 않음에도 불구하고 유류분권을 부여하는 것은 타당한 이유를 찾기 어렵다는 이유로 형제에게 유류분반환청구를 인정하는 것은 위헌이라고 판단하였습니다. 즉 형제의 유류분반환청구는 더 이상 불가능하게 되었습니다.

나를 버린 부모가 유류분반환주장을?

지난 2019년 가수 故 구하라 씨가 숨지자 오랜 기간 연락을 끊고 살던 모가 돌연 유산을 나눠 달라며 나타났습니다. 구 씨의 오빠와 가족은 유산을 줄 수 없다며 반발했지만, 소송 끝에 모는 유산 일부를 받았습니다.

그런데 헌법재판소는 위 결정에서 위와 같이 피상속인을 장기간 유기하거나 정신적·신체적으로 학대하는 등의 패륜적인 행위를 일삼은 상속인의 유류분을 인정하는 것은 일반 국민의 법감정에 반한다고 보았습니다.

이에 따라 이런 경우는 유류분상실사유를 별도로 규정해야 하는데, 민법이 이를 규정하지 아니한 것은 불합리하다고 판단하였습니다.

이에 민법은 최근 상속인이 피상속인을 장기간 유기하는 등의 일정한 사유가 있을 때 상속권을 상실시키도록 개정[11]되었는데, 이에 따라 개정

---

11) 제1004조의2(상속권 상실 선고) ① 피상속인은 상속인이 될 사람이 피상속인의 직계존속으로서 다음 각 호의 어느 하나에 해당하는 경우에는 제1068조에 따른 공정증서에 의한 유언으로 상속권 상실의 의사를 표시할 수 있다. 이 경우 유언집행자는 가정법원에 그 사람의 상속권 상실을 청구하여야 한다.
 1. 피상속인에 대한 부양의무(미성년자에 대한 부양의무로 한정한다)를 중대하게 위반한 경우
 2. 피상속인 또는 그 배우자나 피상속인의 직계비속에게 중대한 범죄행위(제1004조의 경우는 제외한다)를 하거나 그 밖에 심히 부당한 대우를 한 경우
 ② 제1항의 유언에 따라 상속권 상실의 대상이 될 사람은 유언집행자가 되지 못한다.
 ③ 제1항에 따른 유언이 없었던 경우 공동상속인은 피상속인의 직계존속으로서 다음 각 호의 사유가 있는 사람이 상속인이 되었음을 안 날부터 6개월 이내에 가정법원에 그 사람의 상속권 상실을 청구할 수 있다.
 1. 피상속인에 대한 부양의무(미성년자에 대한 부양의무로 한정한다)를 중대하게 위반한 경우
 2. 피상속인에게 중대한 범죄행위(제1004조의 경우는 제외한다)를 하거나 그 밖에 심히 부당한 대우를 한 경우
 ④ 제3항의 청구를 할 수 있는 공동상속인이 없거나 모든 공동상속인에게 제3항 각 호의 사유

민법 소정의 절차를 거쳐서 상속권이 상실되는 경우, 상속권이 있다는 전제하에 인정되는 유류분반환청구도 이제는 못하게 되었습니다.

독박부양 했는데도?

'독박부양'이란 상속인 중에 한 명이 피상속인을 오랜 기간 부양한 경우를 비유적으로 이르는 말입니다.

상속인 중에 한 명이 피상속인을 오랜 기간 부양하였거나 상속재산형성에 기여한 기여(寄與)상속인이 그 보답으로 피상속인으로부터 재산의 일부를 증여받는 경우가 있습니다.

그런데 이러한 의미를 가지는 증여재산조차도 현행 유류분 규정에 따르면, 비기여(非寄與)상속인의 유류분반환청구에 응하여 해당 증여재산 또한 일부 반환하여야 하는 불합리한 상황이 발생하게 됩니다.

가 있는 경우에는 상속권 상실 선고의 확정에 의하여 상속인이 될 사람이 이를 청구할 수 있다.

⑤ 가정법원은 상속권 상실을 청구하는 원인이 된 사유의 경위와 정도, 상속인과 피상속인의 관계, 상속재산의 규모와 형성 과정 및 그 밖의 사정을 종합적으로 고려하여 제1항, 제3항 또는 제4항에 따른 청구를 인용하거나 기각할 수 있다.

⑥ 상속개시 후에 상속권 상실의 선고가 확정된 경우 그 선고를 받은 사람은 상속이 개시된 때에 소급하여 상속권을 상실한다. 다만, 이로써 해당 선고가 확정되기 전에 취득한 제3자의 권리를 해치지 못한다.

⑦ 가정법원은 제1항, 제3항 또는 제4항에 따른 상속권 상실의 청구를 받은 경우 이해관계인 또는 검사의 청구에 따라 상속재산관리인을 선임하거나 그 밖의 상속재산의 보존 및 관리에 필요한 처분을 명할 수 있다.

⑧ 가정법원이 제7항에 따라 상속재산관리인을 선임한 경우 상속재산관리인의 직무, 권한, 담보제공 및 보수 등에 관하여는 제24조부터 제26조까지를 준용한다.

[본조신설 2024. 9. 20.]

[시행일: 2026. 1. 1.]

헌법재판소는 위 결정에서 이러한 경우까지 유류분반환을 당하는 것은 헌법에 부합하지 않는다고 보았습니다. 이러한 경우 민법 개정을 통해서 유류분반환 청구가 일부 제한될 것으로 보입니다.

위와 같이 유류분의 의미와 의의, 문제점에 따른 헌법재판소의 결정내용도 살펴보았습니다.

상속인들 간의 유류분 분쟁이 발생하면, 상속인들이 서로 절연(絕緣)하는 경우를 심심치 않게 볼 수 있습니다.

회사 대주주 입장에서는 고율의 상속세를 고려하면 회사의 지분구조가 상속인 지분별로 잘게 쪼개져 오히려 오너가의 주식 지분이 전체적으로 줄어들기에, 일부 자식에게만 회사 지분을 생전 내지 유언으로 몰아주는 경우가 적지 않습니다.

그러나 오히려 상속인 간의 관계를 의절케 하는 유류분분쟁이 없으려면 생전 증여를 통해 혹은 유언을 통해 상속재산을 한 자녀에게 재산을 몰아주는 것을 삼가야 합니다.

그리고 사후 분쟁을 미연에 방지하기 위해서는 전문가와 협의하에 상속인들의 유류분까지 고려해서 합리적으로 살아생전 사전 분배하거나 법이 정한 절차와 방식에 따른 유언에 그와 같은 분배내용을 담을 것을 권유드립니다.

다시 처음으로 돌아가 '재벌집 막내아들' 드라마에서 오세현 대표의 대사와 같이 진도준 이사가 진양철 회장의 아들딸들을 상대로 유류분반환청구를 할 수 있을까요? 유류분반환청구는 위에서 설명 드린 것처럼 상속분이 있는 사람 즉 진양철 회장의 아들딸들만 할 수 있지, 자기 아버지가 살아 있는 손자 진도준은 해당 소송을 제기할 자격이 되지 않습니다. 드라마 대사에 법적 오류가 있었던 것입니다.

<사례>

을은 사출기 제조업체 갑 회사 소속 연구소의 제어팀에서 제품개발 연구업무를 담당하고 있고, 병은 위 연구소의 제품개발 연구업무를 담당하다가, 갑의 경쟁업체인 정 회사로 이직하여 사출기 개발 연구업무를 담당하고 있는 사람이다.

병은 갑 회사의 기술상 영업비밀인 사출기 Z제품의 유압회로도를 취득하기 위해 친분을 유지해 오던 을에게 위 유압회로도를 구해 줄 것을 부탁하였다.

을은 퇴직한 병으로부터 Z제품의 유압회로도를 보내 달라는 부탁을 받고, 사용 중이던 회사 노트북에 허락 없이 저장해 둔 유압회로도 파일을 자신의 이메일에 첨부한 뒤, 병의 이메일로 전송하여 이를 교부하였다.

이러한 사실을 뒤늦게 인지한 갑 회사는 을과 병을 부정경쟁방지 및 영업비밀보호에 관한 법률위반 등으로 고소하였다.

위 사례는 필자가 피해자인 갑 회사를 고소대리하여 을과 병을 부정경쟁방지 및 영업비밀보호에 관한 법률(부정경쟁방지법) 위반으로 고소한 사건으로, 사실관계를 다소 달리 기재한 내용입니다.

기업에 있어 영업비밀보호는 언제나 가장 중요한 화두(話頭)이며, 아무리 강조해도 지나침이 없을 주제입니다. 평소 영업비밀을 취득하여 보유하고 있던 직원이 퇴사 후 해당 영업비밀을 제3자에게 제공한다던지, 심지어 재직 시에도 제3자에게 영업비밀을 제공, 누설하는 경우가 종종 있습니다.

그런데 회사에서는 단순한 거래처 정보 등의 제3자 제공도 영업비밀침해라고 생각하고 고소를 요청하는 경우가 종종 있는데, 그러한 행위가 이전 글에서 살펴본 업무상 배임죄가 되는지는 별론으로 하더라도 부정경쟁방지법상 영업비밀유출행위가 성립하는지는 따져 볼 것이 많습니다.

그러므로 우선 '영업비밀'이 무엇인지 먼저 살펴봐야 되겠습니다.

부정경쟁방지 및 영업비밀보호에 관한 법률 제2조 제2호의 '영업비밀'은 ① 공연히 알려져 있지 아니하고 ② 독립된 경제적 가치를 가지는 것으로서, ③ 상당한 노력에 의하여 비밀로 유지된 ④ 생산방법, 판매방법 그밖에 영업활동에 유용한 기술상 또는 경영상의 정보를 말하는 것입니다.

여기서 '공연히 알려져 있지 아니하다'는 것은 정보가 간행물 등의 매체에 실리는 등 불특정 다수인에게 알려져 있지 않기 때문에 보유자를 통하지 아니하고는 정보를 통상 입수할 수 없는 것을 의미합니다.

'독립된 경제적 가치를 가진다'는 것은 정보 보유자가 정보의 사용을 통해 경쟁자에 대하여 경쟁상 이익을 얻을 수 있거나 또는 정보의 취득이나 개발을 위해 상당한 비용이나 노력이 필요하다는 것을 말합니다.

'상당한 노력에 의하여 비밀로 유지된다'는 것은 정보가 비밀이라고 인식될 수 있는 표시를 하거나 고지를 하고, 정보에 접근할 수 있는 대상자나 접근 방법을 제한하거나 정보에 접근한 자에게 비밀준수의무를 부과하는 등 객관적으로 정보가 비밀로 유지·관리되고 있다는 사실이 인식 가능한 상태인 것을 의미합니다.

여기서 위 영업비밀의 ①~④ 요건은 or의 개념이 아니라 and의 개념으로, 해당 요건들을 모두 충족해야 합니다. 그렇기 때문에 피해자인 회사가 가해자를 고소하더라도 영업비밀성이 부정되어 혐의없음으로 결정되거나, 기소되더라도 피고인 측은 해당 유출정보가 영업비밀이 아니라고 치열하게 다투는 경우가 많아 무죄가 되는 경우가 적지 않습니다.

위 사례 사건에서도 피고인들은 갑 회사 Z제품 사출기와 유사한 사출기의 유압회로도가 갑 회사의 고객들에게 이미 매뉴얼로 제공되었으므로, 문제된 유압회로도는 공연히 알려져 있는 정보라고 다투었습니다.

그러나 재판부는 '사출기 구매자에게 사출기의 유압회로도를 제공하는 것이 일반적이라 하더라도, Z제품 유압회로도는 사건 당시까지 간행물 등 매체에 실려 불특정 다수인에게 알려진 적이 없는 점, 해당 유압회로도와 동일한 유압회로도를 사용한 사출기 구매자에게는 사건 관련 사출기의 유압회로도가 제공된 적이 없는 점 등에 비추어 보면, 피해 회사의 다른 사출기들의 유압회로도가 공개되어 있다는 사정만으로는 사건 관련 유압회로도가 공연히 알려져 있다고 할 수는 없다'고 보았습니다.

또한 위 사례 피고인들은, 사건 관련 유압회로도에는 특별한 내용이 담겨 있지 않아 그 분야 전문가라면 당연히 알고 있는 공지의 기술로 특별한 기술이 아닌 점 등에 비추어 보면, 해당 유압회로도는 독립적인 경제적 가치가 없다고 주장하였습니다.

이에 대해서도 재판부는 '회로도란 부품의 배열, 부품의 연결, 부품의 규격과 전기적 수치 등을 공인된 기호를 사용하여 단면에 표시한 도면으로서 회로도를 설계함에 있어 가장 중요한 부분은 소자[12]의 선택과 배열 등이고, 향후 제품에서 실현할 구체적 기능 구현을 완성하기 위해서는 주어진 규격에 따른 성능 테스트 등을 통하여 세부 규격을 정하는 과정을 거쳐야만 하므로, 설령 회로도에 담긴 추상적인 기술사상이 공지되었다고 하더라도 위와 같은 과정을 거쳐서 완성되는 회로도의 독립된 경제적 가치를 부정할 수는 없다(대법원 2008. 2. 29. 선고 2007도9477 판결)'고 보았습니다.

또한 '정보가 '독립된 경제적 가치를 가진다'는 의미는, 그 정보의 보유자가 그 정보의 사용을 통해 경쟁자에 대하여 경쟁상의 이익을 얻을 수 있

---

12)   素子, 장치, 전자 회로 따위의 구성 요소가 되는 낱낱의 부품으로, 독립된 고유의 기능을 가지고 있는 것

거나 또는 그 정보의 취득이나 개발을 위해 상당한 비용이나 노력이 필요
하다는 것인 바, 어떠한 정보가 위와 같은 요건을 모두 갖추었다면, 위 정
보가 바로 영업활동에 이용될 수 있을 정도의 완성된 단계에 이르지 못하
였거나, 실제 제3자에게 아무런 도움을 준 바 없거나, 누구나 시제품만 있
으면 실험을 통하여 알아낼 수 있는 정보라고 하더라도, 위 정보를 영업비
밀로 보는 데 장애가 되는 것은 아니다(대법원 2008. 2. 15. 선고 2005도
6223 판결)'고 판단하였습니다.

더불어 '사건 관련 유압회로도에 적용된 기술들이 공지의 기술들이라고
하더라도, 위 공지의 기술들을 어떤 방식으로 어떻게 배열하는지에 따라
성능이나 속도 등에 차이가 생길 수 있고 이는 성능 테스트 등의 과정을
거쳐 최종적으로 결정해야 할 것으로 보이므로 독립적 경제적 가치를 가
진다'고 보았습니다.

마지막으로 피고인들은 피고인 을이 취득하여 피고인 병에게 보내 준
사건 관련 유압회로도에는, 유압회로도가 피해 회사의 영업비밀에 해당
한다거나 제3자에게 누설을 금한다는 취지의 표식이 되어 있지는 않다고
도 주장하였습니다.

재판부는 이 역시 아래와 같은 이유로 피고인들의 주장을 배척하였는데,
'① 사건 관련 유압회로도는 피해 회사의 직원들 중 일부만 접근이 가능
한 폴더에 저장되어 있고 위 폴더에 접근하기 위해서는 아이디와 비밀번
호를 입력해야 하는 점, ② 원칙적으로 피해 회사 직원들의 컴퓨터나 노트

  중소기업을 위한 법률, 회계가이드

북에는 보안프로그램이 깔려 있어서 외부로 자료 전송이 불가능한데 피고인 을은 다른 사유로 인하여 자신이 사용하던 노트북을 포맷한 후 보안프로그램을 설치하지 않았고 이를 이용하여 피고인 병에게 이 사건 유압회로도를 전송한 점, ③ 피고인들은 피해 회사에 재직할 당시 영업비밀 유지 서약서 · 영업비밀 유출방지 서약서 · 윤리강령 이행서약서 · 비밀유지 서약서 등을 작성하였는데, 위 서류들에는 각종 설계도면 및 제조방법에 관한 사항을 영업비밀로 규정하고 이를 회사의 명시적인 동의 없이 제3자에게 누설하지 않는다고 기재되어 있는 점 등에 비추어 보면, 사건 관련 유압회로도는 상당한 노력에 의하여 비밀로 유지되었고, 피고인들 역시 이를 인식하고 있었다고 보인다'고 판단하였습니다.

결국 위 사건에서 피해 회사 갑의 재직 직원이었던 을은 업무상 배임죄와 부정경쟁방지법상 영업비밀누설죄로, 전 직원이었던 병은 영업비밀취득죄로 실형을 선고 받았습니다.

그렇다면 영업비밀요건 중 특히 상당한 노력에 의한 비밀유지성의 요건을 갖추기 위해서는 위 판시 부분을 눈여겨볼 필요가 있습니다.

즉 회사는 영업비밀이라고 생각되는 자료 등에 대해서는 직원들 중 일부만 제한된 방법으로 접근이 가능하게 해야 하고, 모든 컴퓨터 등과 특히 이메일 송 · 수신 시 보안프로그램을 통해 엄격히 영업비밀 송 · 수신을 제한하게 하며, 영업비밀 유지 서약서 · 영업비밀 유출방지 서약서 · 윤리강령 이행서약서 · 비밀유지 서약서 등을 통해서 특정 자료가 영업비밀에 해당함을 분명히 기재, 주지시켜야 합니다.

요즈음 위와 같은 영업비밀 요건성을 갖추기 위하여 법무법인 등 외부 전문기관 컨설팅을 받는 경우가 많습니다. 특히 기술 관련 회사의 경우 위와 같은 컨설팅을 받는 것을 권해 드립니다.

〈사례〉

의사 갑, 을은 병원을 함께 운영하기로 하는 동업계약을 체결하고 각자 5억 원을 출자하였다. 병원을 운영하던 중 갑이 을과 협의 없이 병원 운영 및 이익정산에 있어 독단적 결정을 내려, 을은 동업계약을 해소하고자 하였다.

이에 을은 갑에게 수차례 동업계약 탈퇴 및 출자금반환 요청을 하였으나, 갑은 이에 대해서 계속하여 묵묵부답이었다.

이에 대해서 을은 갑을 상대로 동업계약 탈퇴로 인한 출자대금반환 내지 정산금 청구를 구하는 소송을 제기하였다.

변호사가 속한 법률사무소와 법무법인의 경우 조직에 있어서 입·탈퇴가 비교적 자유로운 편에 속합니다. 무형의 법률서비스라는 인적 용역의 성격이 강하고 사무소 자체에 투입되는 자본(인테리어, 고가의 장비 등)이 다른 직역에 비하여 크게 높다고 할 수 없기 때문입니다.

하지만 고가의 여러 가지 장비, 시설, 특히 목 좋은 곳에 위치하여 고액일 수밖에 없는 임대차보증금 등이 투입되는 병원의 경우 동업계약을 해소하기가 여간 어려운 것이 아닙니다.

먼저 동업의 법적 성격을 살펴볼 필요가 있습니다.

이런 동업체는 조합(組合)[13]의 성격을 가집니다. 조(組)는 '베를 짜다, 꿰매다'라는 뜻으로 조합 한자 그대로 해석하면, '여럿을 한 데 모아 한 덩어리로 짜다'라는 의미입니다. 별개의 실로 있다가 베로 덩어리채 짜여 있으니 그걸 다시 원래의 실로 헤쳐 놓는다는 것은 상당히 힘듭니다. 모였다(會)가 쉽게 헤어질 수 있는 단체(社), 회사와는 달리, 조합은 글자 자체로도 헤어지기 쉽지 않음을 알 수 있습니다.

조합 탈퇴에 대해서 민법은 다음과 같이 규정하고 있습니다.

제716조(임의탈퇴)

① 조합계약으로 조합의 존속기간을 정하지 아니하거나 조합원의 종신까지 존속할 것을 정한 때에는 각 조합원은 언제든지 탈퇴할 수 있다. 그러나 부득이한 사유 없이 조합의 불리한 시기에 탈퇴하지 못한다.

② 조합의 존속기간을 정한 때에도 조합원은 부득이한 사유가 있으면 탈퇴할 수 있다.

민법상 조합계약은 2인 이상이 상호 출자하여 공동으로 사업을 경영할 것을 약정하는 계약으로서, 특정한 사업을 공동 경영하는 약정에 한하여 이를 조합계약이라고 할 수 있습니다(민법 제703조 제1항).

---

13) 제703조(조합의 의의) ① 조합은 2인 이상이 상호출자하여 공동사업을 경영할 것을 약정함으로써 그 효력이 생긴다.
    ② 전항의 출자는 금전 기타 재산 또는 노무로 할 수 있다.

그리고 조합원의 임의 탈퇴는 조합계약에 관한 일종의 해지(解止)로서 다른 조합원에 대한 의사표시로써 하여야 하나, 그 의사표시가 반드시 명시적이어야 하는 것은 아니고 묵시적으로도 할 수 있으며, 임의 탈퇴의 의사표시가 있는지 여부는 법률행위 해석의 일반 원칙에 따라 판단하여야 합니다.

또한 조합원의 임의 탈퇴가 적법하다면 조합원 사이에 특별한 약정이 없는 한 탈퇴한 조합원의 합유지분은 잔존 조합원에게 귀속됩니다(대법원 2007. 9. 20. 선고 2005다7405 판결 등 참조).

통상적으로 병원 운영기간을 정해서 동업계약을 하는 경우는 거의 없으므로 제716조(임의탈퇴) 제1항에 따라 원칙적으로 공동 원장 1인은 다른 공동 원장(들)에게 탈퇴의사표시를 하고, 정산을 요구할 수 있습니다. 그런데 제716조(임의탈퇴) 제1항 후단에는 '예외적으로 부득이한 사유 없이 조합의 불리한 시기에 탈퇴하지 못한다.'라고 규정하고 있습니다.

가령 탈퇴하려는 원장이 병원의 핵심적인 필수 인력이어서 대체 인력을 구함 없이 갑자기 탈퇴해 버리면 병원 운영이 극히 어려운 상황이거나 재정상황이 극히 좋지 않는 등의 조합의 불리한 시기일 경우 탈퇴하지 못하는 제한이 있기는 합니다. 다만 이러한 조합의 불리한 시기라는 사실은 탈퇴를 반대하는 당사자 측에서 입증해야 합니다.

또한 공동원장끼리 병원 운영에 분쟁이 발생한 상황에서 탈퇴의 의사표시가 있었는지, 있었다면 언제를 기준으로 해야 하는지가 소송에서 다투어지는 경우가 적지 않습니다.

원장 A가, 다른 원장 B의 컴퓨터에서 하드디스크를 분리하고 B가 담당하는 환자의 진료차트를 가져갔으며 해당 병원에 분쟁상황을 알리는 안내문을 비치하고 경호인력을 배치하자, B가 같은 날 A를 업무방해 등으로 고소한 사안에서, 재판부는 B가 A를 업무방해 등으로 고소한 시점에 A와 B의 신뢰관계가 파탄되었다고 보고 B가 A에 대하여 탈퇴의 의사표시를 하였던 것으로 판단하였습니다(의정부지방법원 고양지원 2022. 5. 13. 선고 2019가합70240 판결).

이 탈퇴 시점이 언제인가 라는 것이 왜 중요하냐 하면, 제719조(탈퇴조합원의 지분의 계산) 제1항[14]에 따라 탈퇴한 조합원과 다른 조합원간의 계산은 탈퇴 당시의 조합재산상태에 의하여 정산하기 때문입니다. 병원의 재산이나 재무상황은, 탈퇴 시점이 언제인지에 따라 천양지차일 수 있습니다.

그리고 수치로 보이는 자산이나 부채 등만으로 정산하는 것이 아니라 병원의 경우 이른바 영업권(營業權)을 정산의 대상으로 할 것인지 다투어지는 경우가 많습니다.

법원(대법원 2013. 12. 26. 선고 2011다67699 판결 등 참조)은 이에 대

---

14) 민법 제719조(탈퇴조합원의 지분의 계산)
     ① 탈퇴한 조합원과 다른 조합원 간의 계산은 **탈퇴 당시의 조합재산상태**에 의하여 한다.

  중소기업을 위한 법률, 회계가이드

해서 '영업권은 사업체가 **동종 기업의 정상이익률을 초과하는 수익력을 가지는 경우** 그 초과수익력을 평가한 것이므로, 이와 같은 영업권을 가지는 사업체가 거래의 객체가 되는 경우에는 당연히 그 부분에 대한 대가가 수수될 것이 예상되고, 따라서 영업권을 가지는 사업체를 동업으로 경영하다가 동업관계에서 탈퇴한 조합원의 그 사업체에 대한 지분을 평가할 때는 당연히 그 영업권을 포함하여 평가하여야 한다'고 보았습니다.

또한 잔존 조합원이 조합의 사업을 계속하는 때에는 그 조합재산의 가액은 단순한 매매가격이 아닌 '영업권의 가치를 포함하는 영업가격'에 의하여 평가하여야 한다(대법원 1997. 2. 14. 선고 96다44839 판결 참조)고 판시하였습니다. 따라서 동종 기업의 정상이익률을 초과하는 수익력을 가진다고 볼 수 없는 경우 영업권의 가치는 정산에 있어서 고려되지 않습니다.

탈퇴하려는 원장 측에서는 위 영업권의 가치를 포함하여 정산금을 산정해야 한다고 주장하고, 남아 있는 원장은 영업권이 인정되지 않는다고 다툰 사례에서, 법원은 다음과 같이 판단한 바 있습니다.

'① 이 사건 병원은 2009년 개원하였는데 2011년부터는 매출이 10억 원을 초과하고 순이익이 발생하기 시작하였으며, 원고의 탈퇴 직전 해인 2018년에는 연매출 1,793,750,000원, 순이익 727,432,672원이 발생하였고, 순이익은 계속하여 증가해 온 점, ② 이와 같은 이익 규모는 상당하여 단순히 의사 개인의 능력으로 창출된 수익이라고 보기는 어렵고, 인적 구성이나 시설 등에 비추어 보아도 이 사건 병원을 소규모 개인병원으로 보기는 어려운 점, ③ 이 사건 병원은 개원 후 9년이 넘는 기간 동안 운영된 치과이고 유동인구가 많은 전철역 바로 옆인 대로변에 위치하고 있는 바, 이 사건 병원은 해당 지역에 인지도와 명성을 쌓은 것으로 보이고 수년간 축적된 경영상 노하우도 존재할 것으로 보이는 점, ④ 일반적으로 병원의 경우 명성, 기술, 노하우 등 무형자산의 비중이 크고 그동안 투자된 의료장비 등 유형자산에 의한 수익이 계속적으로 창출되는 특징이 있는데, 피고는 원고의 탈퇴시점 이후에도 이 사건 병원이 그동안 쌓은 인지도, 경영상 노하우 등을 이용하여 계속하여 영업할 것이라고 보이는 점 등에 비추어 볼 때, **이 사건 병원은 영업권에 해당하는 초과수익을 얻고 있음을 인정할 수 있고, 이 사건 병원이 거래의 객체가 되는 경우 거래의 상대방이 이 사건 병원의 순자산에 더하여 그 대가를 지불할 것이라고 판단**되므로, 원고가 동업관계에서 탈퇴할 때 계산의 기준이 되는 자산가치에는 영업권이 포함된다고 봄이 상당하다'고 판단하였습니다.

그리고 위와 같은 조합재산상태는 소송 당사자 간의 합의가 없는 이상 법원에서 선임하는 감정평가사를 통한 감정을 통해 평가되는데, 다른 감정절차보다 감정료가 꽤 높으며 계산할 항목도 많아 감정기간도 통상 오래 걸립니다.

더욱이 병원동업은 병원 운영이 잘 될 때는 깨지는 경우가 적지만 병원 사정이 좋지 않을 때 조합계약 탈퇴가 되면, 탈퇴조합원은 오히려 출자금에 훨씬 미치지 못하는 정산금만 받을 수도 있습니다.

이런 경우 소송을 하더라도 감정료는 감정료대로 들고 기대에 훨씬 미

중소기업을 위한 법률, 회계가이드

치지 못하는 금액만 정산 받는 경우도 적지 않습니다. 심지어 불리한 시기에 탈퇴할 수 없다는 이유로 탈퇴 및 정산금 청구가 기각되기도 합니다.

그만큼 동업계약을 원만히 정리하기가 어렵다는 것이지요.

따라서 병원뿐만 아니라 동업을 하시려는 분들은 전문가의 도움을 받아 애초 너무하다 싶을 정도로 여러 경우의 수에 따른 동업계약 내용을 꼼꼼히 작성하는 것이 필요합니다.

한편, 모두(冒頭)에 제시한 사례에서는 다음과 같은 내용으로 조정이 이루어졌습니다.

1. 을(원고)과 갑(피고)은 을이 병원에 대한 동업관계에서는 이미 탈퇴한 상태임을 확인한다.
2. 갑은 을에게 출자금의 약 20%[15]에 해당하는 금원을 지급하라.
3. 갑은 병원의 운영과 관련하여 을이 부담하고 있던 연대보증채무, 세금채무 등에서 벗어날 수 있도록 해당 채권자들과 사이에 을을 채무자에서 제외(탈퇴)하는 조치를 일정 기일까지 완료하기로 한다(다만, 이를 위해 절차상 필요한 동의서 등 서류의 제출 등에는 을도 함께 협조하기로 한다).

이하 문구 생략.

---

15) 해당 사례에서 감정이 이뤄졌는데, 출자 당시보다 대출 등의 추가부담으로 병원의 재정상태가 더 악화된 것으로 감정이 되었기 때문입니다.

7 망한 줄 알았는데 이름만 바꿔 사업을 계속한다고?

<사례>

주식회사 C는 A은행(원고)으로부터 여러 건의 대출거래를 해 오던 중 대출채무의 이행(마지막 여신거래의 만기가 2014.경)을 지체하였다. C는 서울 영등포구 AA에 본점을 두고 위생지 및 화장지 제조업 등을 하다가 위 대출거래 만기 이후인 2015. 12. 1. 해산 간주되었고, 문제 회사(피고)는 위 여신거래가 시작될 즈음 C와 같은 주소지에 '주식회사 ○○생활'이라는 상호로 설립되어 위생지 및 화장지 제조업 등을 하고 있다.

이에 A은행은 위 해산 간주된 대출채무자 C와 피고는 사실상 동일한 회사로, 피고는 A은행에 대한 C의 채무를 갚을 의무가 있다고 주장하면서 대출금 지급 이행 소송을 제기하였다.

거래처에 대한 매출채권 지급을 수차례 독촉하다가 갑자기 회사가 문을 닫았다는 이야기를 듣고 망연자실했던 기억이 있는 분들이 있을 것입니다. 채권을 포기할 수밖에 없다고 생각하던 중 그 거래처 대표가 바로 같은 장소에서 상호만 조금 바꾸어 배우자 등 관계인을 대표로 내세워 새로운 회사를 설립하거나, 아니면 해당 거래처 회사와 병존하여 관련 사업을 영위하였던 또 다른 회사를 통해서, 동일한 사업을 영위하고 있음을 인지하게 되는 경우가 종종 있습니다.

법상으로는 개인 홍길동, 홍길동이 설립한 길동 주식회사, 그리고 길동 주식회사와 홍길동의 배우자가 설립한 주식회사 길동[16]은 엄연히 다른 법인격입니다. 개인 홍길동에 대여금이 있다고 해서 따로 연대보증이 되어 있지 않은 이상 길동 주식회사에 당연히 책임을 물을 수 없으며 이는 반대도 마찬가지입니다.

그런데 개인사업자 홍길동이 채무가 누적되자 개인사업자를 폐업시키고 사실상 동일한 회사를 설립한 후 동일한 사업을 영위하는 경우(반대 주식회사를 폐업시키고 개인사업자를 새로 만들 수 있음), 혹은 '길동 주식회사'와 '주식회사 길동'은 사실상 주주가 동일하고 영위하는 사업도 동일한 데, 길동 주식회사의 채무가 누적되자 이를 폐업시키고 주식회사 길동을 통하여 고스란히 영업양수를 하여 사업을 계속 영위하는 경우, 채권자에게 '우리는 엄연히 다른 사업체이므로 책임이 없다'라고 주장하면 누가 봐도 부당하다고 할 것입니다.

이런 경우 '너가 주장하는 법인격(껍데기)을 부인하고 실질적인 실체를 보겠다'는 것이 이른바 '법인격부인론(法人格否認論)'입니다.

법원은 위 이론을 아래와 같이 설명하고 있습니다.

---

16) 주식회사라는 명칭은 상호 앞에 있을 수도 있고 뒤에 있을 수도 있는데 두 회사는 엄연히 다른 상호의 회사입니다. 또한 위에서는 주식회사 위치만 바꾼 예를 들었으나, 법인격부인론 사례를 보면, 가령 기존 거래처와의 계약관계를 고려하여 주식회사 보령상회를 주식회사 보령상사 등으로 중요한 상호 부분은 유지하는 경우가 많습니다.

'주식회사는 주주와 독립된 별개의 권리주체이므로 그 독립된 법인격이 부인되지 않는 것이 원칙이다. 그러나 개인이 회사를 설립하지 않고 영업을 하다가 그와 영업목적이나 물적 설비, 인적 구성원 등이 동일한 회사를 설립하는 경우에 그 회사가 외형상으로는 법인의 형식을 갖추고 있으나 법인의 형태를 빌리고 있는 것에 지나지 않고, 실질적으로는 완전히 그 법인격의 배후에 있는 개인의 개인기업에 불과하거나, 회사가 개인에 대한 법적 책임을 회피하기 위한 수단으로 함부로 이용되고 있는 예외적인 경우까지 회사와 개인이 별개의 인격체임을 이유로 개인의 책임을 부정하는 것은 신의성실의 원칙에 반하므로, 이러한 경우에는 회사의 법인격을 부인하여 그 배후에 있는 개인에게 책임을 물을 수 있다(대법원 2023. 2. 2 선고 2022다276703 판결).'

그러면 법원은 어떤 경우에 법인격부인을 인정하는지 살펴봅니다.

신설회사를 설립한 경우는 다음과 같이 판시하고 있습니다.

'기존회사가 채무를 면탈하기 위하여 기업의 형태·내용이 실질적으로 동일한 신설회사를 설립하였다면, 신설회사의 설립은 기존회사의 채무면탈이라는 위법한 목적 달성을 위하여 회사제도를 남용한 것에 해당하고, 이러한 경우에 기존회사의 채권자에 대하여 위 두 회사가 별개의 법인격을 갖고 있음을 주장하는 것은 신의성실의 원칙상 허용될 수 없으므로, 기존회사의 채권자는 위 두 회사 어느 쪽에 대하여서도 채무의 이행을 청구할 수 있다. 여기에서 기존회사의 채무를 면탈할 의도로 신설회사를 설립

 중소기업을 위한 법률, 회계가이드

한 것인지 여부는 **기존회사의 폐업 당시 경영상태나 자산상황, 신설회사의 설립시점, 기존회사에서 신설회사로 유용된 자산의 유무와 그 정도, 기존회사에서 신설회사로 이전된 자산이 있는 경우 그 정당한 대가가 지급되었는지 여부** 등 여러 사정을 종합적으로 고려하여 판단하여야 한다(대법원 2011. 5. 13. 선고 2010다94472 판결 등 참조)'.

더불어 꼭 회사를 신설한 경우뿐만 아니라 기존 회사를 이용하는 경우에도 법인격부인론이 적용될 수 있는데, 이에 대해서 법원(위 2022다276703 판결)은 다음과 같이 판시하고 있습니다.

'개인의 채무 부담행위에 대한 회사의 책임을 부인하는 것이 심히 정의와 형평에 반한다고 인정되어 회사에 대하여 개인이 부담한 채무의 이행을 청구하는 법리는 채무면탈을 목적으로 회사가 새로 설립된 경우뿐 아니라 **같은 목적으로 기존 회사의 법인격이 이용되는 경우에도 적용**되는데, 여기에는 회사가 이름뿐이고 실질적으로는 개인 기업에 지나지 않은 상태로 될 정도로 형해화[17]된 경우와 회사의 법인격이 형해화될 정도에 이르지 않더라도 개인이 회사의 법인격을 남용하는 경우가 있을 수 있다. 이때 회사의 법인격이 형해화되었다고 볼 수 있는지 여부는 원칙적으로 문제가 되고 있는 법률행위나 사실행위를 한 시점을 기준으로, 회사의 법인격이 형해화될 정도에 이르지 않더라도 개인이 회사의 법인격을 남용하였는지 여부는 채무면탈 등의 남용행위를 한 시점을 기준으로 각 판단하여야 한다.'

---

17)　形骸化, 즉 내용은 없이 뼈대만 있게 된다는 뜻

　구체적으로 어떤 경우에 법인격부인이 인정되는지는 결국 사례를 통하여 하나하나 따져 볼 수밖에 없는데 법원은 위 사례에서는 아래와 같은 사실관계를 이유로 법인격부인을 인정하여 C에 대한 A 은행 채권을 피고 또한 지급할 의무가 있다고 판단하였습니다.

① 피고의 대표이사 홍길삼은 C의 대표이사였던 홍길동의 동생이고, 홍길동의 배우자 김부인은 2011. 6.경 농협은행 예금계좌를 개설하였는데, 위 예금계좌는 C, 홍길동, 김부인이 수시로 돈을 입금하거나 인출하면서 피고를 설립하기 전에는 C의 운영에 사용되다가 피고가 설립된 후에는 피고의 운영에 사용되었다.

② C는 2011. 7. 5. 부도가 발생하여 2011. 7.경 당좌거래가 정지되었는데, 그로부터 1달 남짓 지난 2011. 8.경 피고가 설립되었다.

③ 피고와 C는 본점 소재지와 영업 목적이 동일하고, 피고를 설립할 당시의 임원진과 주주 등은 홍길동의 부하 직원이었으며, 현재의 임원진과 주주 등도 홍길동의 친인척이거나 그의 부하 직원이고, 홍길삼은 C에서 근무하기도 하였다.

④ 홍길삼은 법인등기부상 2012. 11.경 취임한 이후 현재까지 피고의 대표이사로 등재되어 있기는 하나, 한편 피고의 인터넷 홈페이지에는 C에서 피고로 상호가 변경되었다고 소개되어 있는 데다가, 피고 주소지를 관할하는 지방자치단체소식지 등에는 2015. 7.경까지도 피고의 대표자가 C의 대표이사였던 홍길동으로 기재되어 있는 점, 피고의 직원들은 홍길동을 '사장님'으로 호칭하여 온 점 등에 비추어 볼 때, C의 대표이사였던 홍길동이 여전히 피고의 사업을 실질적으로 운영하여 왔다고 볼 여지가 충분하다.

⑤ C는 2011. 8.경 피고와, C의 주요자산으로 보이는 '서울 영등포구 소재 공장용지, 그 지상 건물, 기계기구 일체를 임차보증금 10,000,000원, 월 임차료 1,500,000원에 임대하는 내용의 임대차계약을 체결하였는데, 당시 임대차계약서에는 피고가 C의 직원뿐만 아니라 채권·채무까지도 승계하기로 하였고, 한편 피고가 C에게 위 임차보증금과 임차료를 지급하였다는 객관적인 자료는 제출되지 아니하였다. 또한 위 임대차계약 이후 피고는 상당수 C의 근로자들을 승계하였고, C가 사용하던 기계기구로 C가 생산하던 것과 동일한 화장지 등 다수의 제품을 그대로 생산하였으며, C 명의로 등록된 디자인과 특허 또는 실용신안 등록이 이루어진 롤 휴지 절단장치, 비데용 위생 휴지, 화장지 제조장치 등도 피고의 영업을 위하여 그대로 사용하였다.'

그런데 법원은 이러한 법리를 인정하기는 하지만 법인격부인론은 명문의 규정 없이 신의성실에 근거한 것이므로 제한적으로만 인정되어야 한다는 점도 분명히 하고 있습니다. 즉 법인격 부인은 엄연히 원칙의 예외로, 실제 소송에는 인정되는 경우가 극히 드뭅니다.

따라서 실제 소송에서는 막연히 실질적으로 동일한 법인격임을 주장할 것이 아니라 위 사례에서 확인한 바와 같이 양 법인격 간의 주주 구성, 사업의 연속성, 임직원의 구성, 상호의 유사성 등을 법인격부인을 주장하는 측에서 아주 열심히 입증해야 함을 반드시 유념하여야 합니다.

최연석 변호사

저자 소개

최 연 석 변호사

법무법인 WeAdvise 파트너 변호사
www.weadvise.co.kr
yschoi@weadvise.co.kr

법무법인 WeAdvise 파트너 변호사

- 서울대학교 법학부, 서울대학교 법과대학원 수료(민법)

- 미국 Columbia Law School LL. M. (석사)

- 제46회 사법시험 합격, 사법연수원 36기

- 법무법인(유) 율촌 공정거래 부문 파트너 변호사

- 미국 Kobre&Kim LLP 뉴욕사무소 파견근무

- 법무부 9988 중소기업법률지원단 자문변호사

- 공정거래위원회 재신고사건 민간심사위원단 위원

- 산업통상자원부 기술규제위원회 위원

- 2022년 법무부 장관상 표창(중소기업법률지원유공표창)

- 2022년~2024년 리딩로이어(공정거래, Legal Times)

흔히들 공정거래 이슈는 큰 기업들의 이야기라고 생각하지만, 중소기업이나 스타트업도 공정거래법의 적용을 피할 수 없습니다. 하나의 입찰담합 사례를 가정하여, 사건이 어떻게 진행되는지, 그 과정에서 회사가 어떠한 상황을 마주하게 되며, 회사는 어떻게 대응할 수 있는지를 설명해 보았습니다.

한편 중소기업은 대기업과의 거래 관계에서 '乙'의 지위에 있습니다. 대기업과의 갈등이 생겼을 때 민사소송이나 형사고소를 떠올리는 경우가 많지만, 하도급법이나 상생협력법은 보다 신속하고 실질적인 분쟁 해결 절차를 마련하고 있습니다. 실제 사례를 각색한 가상 사례를 통하여 중소기업이 취할 수 있는 조치들에 대해 소개하였습니다.

기업 법률자문을 하다 보면, 회사가 예상치 못했던 어려움에 직면하게 되는 것을 보게 됩니다. 비록 한정된 분야와 사례를 다루고 있지만, 비슷한 문제를 마주한 회사의 사장님이나 실무 담당자분들께 대략적이나마 방향을 잡는 데 도움이 되는 지도나 나침반이 되었으면 합니다.

1. 공정위 현장조사가 나오면 회사는 어떻게 해야 하나요?

〈사례〉

A사는 방위산업 분야 소프트웨어 개발을 하는 회사입니다. A사는 이 분야에 독보적인 기술력과 노하우를 보유하고 있기 때문에 다른 회사들은 A사가 참여한 입찰에는 입찰참여를 포기하는 경우가 많았습니다. 그 결과 A사의 단독 입찰로 입찰 자체가 유찰되는 경우가 많았습니다.

A사의 대표는 유찰로 인해 소프트웨어 개발사업 수주가 지연되는 일이 잦아지자, 평소 친하게 지내던 B사 대표에게 연락을 하여 조달청이 발주한 군용장비 관리 소프트웨어 개발 입찰에 참여해 줄 것을 요청하였습니다. B사의 대표는 A사 대표와의 친분을 고려하여, A사가 정해 준 투찰가격과 A사가 대신 작성해 준 제안서로 입찰에 참여하였고, 결국 가격과 기술력이 월등한 A사가 낙찰자로 결정되었습니다.

그 후, 공정거래위원회 조사관들은 사전 예고도 없이 B사를 방문하여, B사가 참여한 조달청 입찰 서류, 결재문서, 담당자 이메일 및 전산자료의 제출을 요구하였고, B사의 대표는 조사공무원들의 요구에 대해 어떻게 대응해야 할지 혼란스러워 하고 있습니다.

중소기업을 위한 법률, 회계가이드

공정거래위원회(이하 "**공정위**") 조사공무원들이 갑자기 회사 사무실에 들이닥치면 누구라도 당황할 수밖에 없을 것입니다. 더군다나 공정위의 적법한 조사를 방해할 경우 회사 임직원은 조사방해 혐의로 형사처벌까지 받을 수도 있습니다. 회사로서는 공정위의 현장조사에 효과적으로 대응하기 위하여 현장조사가 어떠한 절차나 방법으로 진행되는지 미리 알아 둘 필요가 있습니다.

공정위 현장조사란…

공정위는 사업자의 사무소 또는 사업장에 출입하여 장부, 서류, 전산자료 등의 자료나 물건을 조사할 수 있는데, 이를 실무상 '현장조사'라고 합니다. 공정위 현장조사는 수사기관의 압수수색처럼 사전 예고 없이 진행되며, 외국에서는 "dawn-raid"라고도 합니다.

공정위 현장조사는 조사공무원이 회사를 방문하여 조사공문을 교부함으로써 시작됩니다. 공정위가 제시하는 공문에는 조사기간, 조사목적, 조사대상, 조사방법, 조사를 거부방해 또는 기피할 경우 제재를 받을 수 있다는 내용이 기재되어 있습니다.

현장조사 기간은 통상 2~3일 정도 진행되는데, 사안에 따라 조사범위나 조사대상이 많을 경우에는 1주일~2주일까지 진행되는 경우도 있습니다.

조사의 시작

조사공무원이 현장조사를 위하여 회사를 방문하면 조사에 필요한 조사공간, 프린터, 인터넷 연결, 복사기 등을 요청합니다. 회사는 통상 독립된 회의실을 조사공간으로 제공하게 되는데, 조사공무원들은 조사기간 동안 회사가 제공한 조사공간에 상주하면서 필요한 조사를 진행하게 됩니다.

조사공무원 이외의 사람들은 현장조사 기간 동안 허락 없이 조사공간으로 사용되는 회의실에 출입할 수 없고, 조사공무원들이 퇴근 또는 부재하는 동안에는 회의실 출입문은 봉인되어 제3자의 출입이 엄격히 제한됩니다.

조사공무원들 회의실에서 조사대상자나 세부 조사계획 등을 상의하며, 회사로부터 제공받은 서류나 관련 자료를 검토하고, 회사의 담당자들을 불러 진술조사를 실시합니다.

회사 서류 등에 대한 조사

조사공무원은 현장조사 시 회사 조직도, 임직원 연락처, 업무 서류나 자료 등의 제출을 요구합니다. 위 사례의 경우라면, B회사가 A회사의 권유로 참여한 조달청 입찰 서류, 관련 회사 내부 품의서나 결재 서류 등을 요청할 것입니다.

이때, 회사는 조사공무원이 어떠한 자료 제공을 요청하였는지, 실제로 조사공무원에게 제공된 자료가 무엇인지를 기록해 둘 필요가 있습니다. 조사공무원이 요청하는 자료를 정리함으로써 공정위가 어떠한 혐의에 대하여 조사를 하는지 알 수 있고, 나아가 그에 대한 리스크와 대응 전략을 수립할 수 있기 때문입니다.

사무실, 책상 등에 대한 조사

조사공무원은 회사의 임직원들이 근무하는 사무실을 직접 방문하여, 조사목적과 관련이 있다고 판단되는 현업 담당자의 책상, 책장, 수납장 등을 조사할 수 있습니다. 조사공무원은 담당자의 책상 등에서 발견한 업무수첩, 기안문 등 업무자료 등을 살펴보고, 조사목적과 관련이 있거나 추가로 검토할 필요가 있으면 해당 자료를 가지고 가서 조사를 할 수 있습니다.

위 사례에서, A회사 대표의 연락을 받은 B회사의 대표는 물론이고, 투찰가격이나 입찰참여 방법 등을 상의하기 위하여 A회사 임직원과 전화를 하거나 이메일 등을 주고받은 B회사 실무 담당자들의 사무실이나 책상이 조사대상이 될 것입니다.

컴퓨터 등 전산자료에 대한 조사

조사공무원은 회사 업무 담당자의 컴퓨터, 노트북 등을 직접 조사할 수 있습니다. 주로 키워드 검색 기능을 이용하여 하드디스크에 저장된 파일이나, 메일 등을 검색한 다음 조사목적과 관련이 있는 파일 등이 발견될 경우 이를 출력하는 형태로 전산자료를 수집합니다. 최근에는 컴퓨터나 노트북의 하드디스크 자체를 이미징을 하는 방법으로 전산자료를 수집하는 경우도 있습니다.

위 사례에서, A회사와 연락을 주고받은 B회사의 대표 및 조달청 입찰업무를 수행한 B회사 임직원들의 컴퓨터, 노트북, 이메일 또는 카카오톡 등이 조사대상이 될 것입니다.

진술조사

조사공무원은 현장조사 기간 동안 회사의 임직원들을 조사공간(회의실)으로 소환하여 진술조사를 실시할 수 있습니다. 조사공무원이 진술조사를 실시할 경우, 통상 문답 형태로 작성되는 진술조서를 작성하거나, 또는 진술서와 같은 형태의 확인서를 작성하게 됩니다.

위 사례에서, 조사공무원은 입찰담합의 경위나 과정, 실행 방법 등을 밝히기 위하여 B회사의 대표 및 입찰 업무 담당자들을 불러 진술조사를 실시할 것입니다.

조사의 종료

현장조사가 종료될 경우, 조사공무원은 '조사과정확인서'를 작성하고 회사의 책임자로부터 확인을 받습니다. 또한 조사공무원은 회사로부터 직접 수집하거나 제출받은 자료에 대해 '수집·제출 자료목록'을 작성하여 회사에 교부합니다.

현장조사 종료 후, 회사는 조사공무원이 공정위로 가지고 가는 서류나 자료들에 대해 복사를 요구할 수 있습니다. 복사한 자료들은 향후 법 위반 리스크를 평가하고, 대응전략을 수립하는 데 있어서 매우 중요하므로, 회사는 해당 자료들을 반드시 복사해 둘 필요가 있습니다.

현장조사시 변호사의 조력

대부분의 회사는 공정위 현장조사를 처음 받아 보거나 그 절차에 대해서 알지 못하므로, 공정위가 현장조사를 위해 회사를 방문할 경우 대부분 변호사에게 연락하여 자문과 도움을 받습니다.

변호사는 공정위 현장조사에 입회하여 그때그때 상황에 따른 회사의 대응방안을 자문하게 됩니다. 예를 들어, 조사공무원이 요청하는 서류나 자료에 대해, 조사대상이나 조사범위와 관련이 있는지 여부를 검토하여 자료제출 여부에 대해 의견을 제시하거나, 또는 조사공무원과 자료제출 범위에 대해 협의를 하게 됩니다.

그 외에도 조사공무원이 현업 담당자 사무실에서 책상이나 컴퓨터 노트북을 조사할 경우, 그 조사과정을 참관하며, 회사 임직원이 진술조사를 받는 경우에도 임직원과 같이 조사에 입회하게 됩니다.

또한 조사공무원들이 공정위가 가지고 가는 자료들에 대한 복사를 요구하고, 관련 자료들을 검토하여 향후 대응방안이나 전략에 대해 자문을 제공하게 됩니다.

〈사례〉

A사는 방위산업 분야 소프트웨어 개발을 하는 회사입니다. A사는 이 분야에 독보적인 기술력과 노하우를 보유하고 있기 때문에 다른 회사들은 A사가 참여한 입찰에는 입찰참여를 포기하는 경우가 많았습니다. 그 결과 A사의 단독 입찰로 입찰 자체가 유찰되는 경우가 빈번하였습니다.

A사의 대표는 유찰로 인해 소프트웨어 개발사업 수주가 지연되는 일이 잦아지자, 평소 친하게 지내던 B사 대표에게 연락을 하여 조달청이 발주한 군용장비 관리 소프트웨어 개발 입찰에 참여해 줄 것을 요청하였습니다. B사의 대표는 A사 대표와의 친분을 고려하여, A사가 정해 준 투찰가격과 A사가 대신 작성해 준 제안서로 입찰에 참여하였고, 결국 가격과 기술력이 월등한 A사가 낙찰자로 결정되었습니다.

한편, 공정위 조사관들은 B사에 대한 현장조사를 마쳤고, 그 후에도 수차례 B사의 대표 및 임직원들을 공정위 사무소에 소환하여 조사를 진행하였습니다.

B사의 대표는 입찰담합이 성립할 경우, 공정위로부터 B사가 어떠한 제재, 또는 다른 기관들로부터 어떠한 불이익을 받게 되는지 걱정하고 있습니다.

담합을 하면, 그야말로 '행정 및 민·형사상 책임'을 모두 지게 됩니다. 공정위가 공정거래법상 입찰담합을 인정할 경우, 해당 업체에 대해서 시정명령, 과징금 등의 불이익한 조치를 취할 수 있습니다. 또한 입찰담합이 인정될 경우, 공정위 외에도 검찰, 조달청, 지방자치단체, 중소벤처기업부 등 관련 기관이 추가적인 제재조치나 불이익을 부과할 수 있습니다.

공정위의 시정조치 및 과징금 부과

담합행위에는 가격담합, 생산량 담합, 거래지역 제한 담합, 입찰담합 등 다양한 형태의 담합이 있습니다. 공정거래법은 특히 담합행위를 엄격하게 금지하고 있으며, 담합행위에 대한 제재수준도 불공정거래행위 등 다른 공정거래법 위반행위에 비하여 훨씬 높습니다.

입찰담합 행위가 인정될 경우, 공정위는 시정조치로 해당 사업자에 대하여 동일 또는 유사한 입찰담합 행위를 다시 하지 않도록 하는 내용의 행위금지명령을 부과하게 됩니다.

무엇보다 입찰담합 행위가 적발될 경우, 관련 매출액의 20% 이하의 과징금이 부과될 수 있습니다. 입찰담합의 경우, 낙찰받은 사업자에 대한 과징금과 들러리로 참여한 사업자에 대한 과징금 부과 수준이 다른데, 들러리로 참여한 사업자는 낙찰받은 사업자의 1/2 수준의 과징금이 부과됩니다.

위 사례에서, A사가 20억 원으로 낙찰받아 계약을 조달청과 계약을 체결하였다면, 관련매출액은 20억 원이 됩니다. 낙찰자인 A사에게 부과되는 과징금은 최대 4억 원(=20억 × 20%)이며, 들러리로 참여한 B사에게 부과되는 과징금은 최대 2억 원(=20억 × 20% × 50%)이 됩니다.

　다만, 공정위가 사업자에게 실제 부과하는 과징금은 여러 가지 사정을 감안하여 정해지므로, 실제 부과되는 과징금은 관련매출액의 20%보다는 낮게 결정됩니다.

공정위의 고발요청에 따른 형사처벌

　입찰담합 행위에 대하여는 3년 이하의 징역 또는 2억 원 이하 벌금의 형사처벌을 받을 수 있습니다. 형사처벌의 대상은 사업자인 회사뿐만 아니라, 입찰담합에 직접 가담한 대표이사, 임직원 등 개인도 그 대상이 될 수 있습니다. 비록 임직원은 회사를 위하여 업무를 한 것이지만, 담합행위에 직접 관여하였다면 임직원 개인도 형사처벌을 받을 수 있습니다.

　공정거래법 위반 행위에 대해서는 공정위가 고발을 하여야만 공소를 제기할 수 있습니다(전속고발권). 공정위가 입찰담합에 가담한 사업자들을 검찰총장에게 고발을 하면, 검찰은 해당 사업자들에 대한 수사를 진행하여 공정거래법 위반으로 기소를 하고, 법원의 재판을 거쳐 형벌이 부과됩니다.

　또한 공정위가 여러 사정을 감안하여 입찰담합 행위자에 대해 고발요청을 하지 않는 경우가 있을 수 있는데, 그렇다고 하더라도 형사처벌이 면제된 것이라고 안심할 수는 없습니다. 검찰총장, 중소벤처기업부장관, 조달청장 등은 입찰담합 가담자에 대한 처벌이 필요하다고 판단할 경우, 공정위에 고발요청을 할 수 있으며, 이러한 경우 공정위는 검찰총장에게 무조건 고발을 하여야 하고, 그에 따라 검찰의 수사가 다시 진행될 수 있기

　　　　　　　　　　　　　　중소기업을 위한 법률, 회계사이트

때문입니다.

공정위의 입찰참가자격제한 요청

과거 5년간 입찰담합으로 공정위로부터 부과받은 누적 벌점이 5점을 초과하는 사업자에 대하여, 공정위는 조달청 등 발주기관에 입찰참가자격제한을 요청할 수 있습니다.

벌점은 공정위가 부과한 시정조치 유형에 따라 그 점수가 정하여져 있는데, 예를 들어 공정위로부터 입찰담합 행위에 대하여 시정명령만 부과받은 경우에는 벌점 2점이, 과징금까지 부과되면 벌점 2.5점이 부과되며, 만약 고발조치를 받게 되면 벌점 3점이 부과됩니다.

언론보도

일반 소비자들을 대상으로 하는 회사는 언론보도로 인하여 회사의 평판이나 이미지 등에 상당한 타격이 있을 수 있습니다.

공정위는 담합행위 등 주요 사건에 대하여 보도 자료를 배포하고, 홈페이지에 이를 게시하고 있습니다. 인터넷 신문, 방송 등은 공정위 보도 자료를 토대로 기사를 작성하여 이를 배포하기도 합니다.

위 사례에서, 입찰담합에 참여한 A사는 물론이고 들러리로 참여한 B사에 대해서도 회사 실명과 함께 법 위반 사실 및 제재 처분 내용이 언론에 보도될 수 있습니다.

조달청의 입찰참가자격제한 처분

공정위가 입찰참가자격제한을 요청하는 경우뿐만 아니라, 공정위가 입찰참가자격제한을 요청하지 않더라도, 조달청은 국가계약법 등에 근거하여 직접 입찰참가자격제한 처분을 부과하는 경우도 있습니다.

위 사례에서, A사와 같이 입찰담합을 주도하여 낙찰을 받은 사업자는 2년간의 입찰참가자격 제한 처분이 부과되며, B사와 같이 들러리로 입찰에 참여한 사업자는 6개월의 입찰참가자격 제한 처분이 부과될 수 있습니다.

입찰담합으로 피해를 입은 국가의 손해배상 청구 소송

입찰담합 행위는 주로 사업자들 사이의 출혈경쟁을 막아 낙찰자의 일정 마진을 확보하기 위하여 행해지는 경우가 많습니다.

이를 위해서 사업자들은 특정 입찰에 낙찰자를 누구로 할 것인지 정하고, 낙찰자의 투찰가격과 들러리의 투찰가격을 사전에 합의한 다음 입찰에 참여합니다.

만약 사업자들이 사전에 마진이 보장되는 투찰가격을 합의하지 않고 치열한 수주경쟁을 하였다면 실제 낙찰가는 더 낮아질 수 있습니다.

결국 국가는 입찰담합 행위로 인하여 손해를 본 것이므로, 불법행위에 가담한 낙찰자 및 들러리사를 상대로 손해배상 청구 소송을 제기할 수 있고, 낙찰자와 들러리는 모두 법원이 인정한 손해에 대하여 연대책임을 지게 됩니다.

위 사례에서, B사는 들러리로 참여했을 뿐이고 입찰에 탈락을 하여 이익을 얻은 바도 없지만, A사와 입찰담합이라는 공동불법행위에 가담하였으므로, A사 및 B사 모두 민사소송의 공동피고가 되어 손해배상 책임을 연대하여 부담할 수 있습니다.

〈사례〉

A사는 방위산업 분야 소프트웨어 개발을 하는 회사입니다. A사는 이 분야에 독보적인 기술력과 노하우를 보유하고 있기 때문에 다른 회사들은 A사가 참여한 입찰에는 입찰참여를 포기하는 경우가 많았습니다. 그 결과 A사의 단독 입찰로 입찰 자체가 유찰되는 경우가 많았습니다.

A사의 대표는 유찰로 인해 소프트웨어 개발사업 수주가 지연되는 일이 잦아지자, 평소 친하게 지내던 B사 대표에게 연락을 하여 조달청이 발주한 군용장비 관리 소프트웨어 개발 입찰에 참여해 줄 것을 요청하였습니다. B사의 대표는 A사 대표와의 친분을 고려하여, A사가 정해 준 투찰가격과 A사가 대신 작성해 준 제안서로 입찰에 참여하였고, 결국 가격과 기술력이 월등한 A사가 낙찰자로 결정되었습니다.

어느 날 A사의 대표는 신문기사를 보다가 자신의 행위가 공정거래법상 입찰담합에 해당할 수 있고, 과징금을 부과받을 수 있음을 알게 되었습니다. A사의 대표는 향후 어떠한 조치를 취하여야 A사에게 미칠 타격을 최소화할 수 있을지 고민하고 있습니다.

공정거래법은 담합행위에 대하여 관련매출액의 20%까지 과징금을 부과하는 등 특히 담합행위를 엄격히 제재하고 있습니다. 그럼에도 담합행위는 매우 은밀하게 이루어지기 때문에 이를 적발하기가 매우 어렵습니다. 공정거래법은 담합행위를 효과적으로 밝히기 위하여 자진신고 제도를 도입하고 있습니다.

자진신고 제도란

자진신고는 부당한 공동행위(담합 또는 카르텔)에 가담한 사업자가 그 담합 사실을 공정위에 스스로 신고하는 것입니다. 자진신고는 실무상 리니언시(Leniency)라고 불리기도 합니다.

자진신고의 혜택

공정거래법은 담합행위에 대하여 관련 매출액의 20%에 이르는 과징금을 부과할 수 있고, 담합에 가담한 회사뿐만 아니라 회사의 임직원 개인에 대해서 형사고발을 할 수 있다고 규정하고 있습니다.

그런데 공정위는 담합행위 자진신고자에 대하여 과징금 면제 또는 감경, 형사고발을 면제해 주고 있습니다. 공정위에 담합사실을 최초로 신고한 1순위 자진신고자는 과징금을 전액 면제받고, 형사고발을 면제받을 수 있으며, 두 번째로 신고한 2순위 자진신고자는 과징금의 50%를 감경 받을 수 있고, 형사고발을 면제받을 수 있습니다. 다만, 세 번째 이후로 자진신고한 사업자는 이러한 혜택을 받을 수 없습니다.

위 사례에서, A사가 공정위에 자진신고를 하게 되면 A사는 과징금을 전액 면제받고, 형사고발도 피할 수 있습니다.

반면에, 자진신고를 하지 않은 B사는 비록 A사 대표의 부탁을 받고 조달청 입찰에 참여했더라도, 입찰담합을 이유로 과징금을 부과받고, 형사처벌까지 받을 수 있습니다. 또한 2명의 사업자만 참여한 입찰담합에서는 1순위 자진신고자에게만 자진신고의 혜택이 주어지기 때문에, 비록 B사가 2번째로 자진신고를 했다고 하더라도 과징금 50%의 감경이나 형사고발 면제의 혜택은 주어지지 않습니다.

자진신고 제도로 인해, 담합을 주도한 A사는 공정위 제재로부터 벗어날 수 있고, 반면에 A사 대표의 부탁으로 어쩔 수 없이 입찰에 참여한 B사는 오히려 과징금 또는 형사처벌까지 받을 수 있습니다.

자진신고의 방법

자진신고는 접수 순위에 따라 과징금 부과 또는 형사고발 등의 혜택이 달라지므로 그 접수 순위가 아주 중요합니다.

자진신고는 감면신청서 양식을 작성한 다음 공정위에 직접 방문하여 접수하거나, 팩스 또는 이메일로 제출할 수 있습니다. 그런데 자진신고는 그 순위가 중요하기 때문에, 보통 자진신고서 접수의 날짜와 시각이 확인되는 팩스를 통하여 접수하게 됩니다.

또한 자진신고서를 제출한 이후에도 공정위의 조사에 지속적으로 성실하게 협조를 하여야만 자진신고의 혜택을 받을 수 있습니다. 공정위가 담합행위를 입증하는 데 필요한 증거를 제출하여야 하며, 만약 자진신고 이

중소기업을 위한 법률, 회계가이드

전에 공정위가 이미 관련 증거를 확보하였다면 자진신고를 하더라도 그 혜택을 받지 못할 수도 있습니다.

자진신고 사실의 누설금지

자진신고 사실은 공정위 동의 없이 제3자에게 누설하여서는 안 됩니다. 만약 자진신고 사실을 누설할 경우 자진신고자의 지위가 취소되어 다른 회사와 마찬가지로 과징금이 부과되고 형사고발 될 수 있습니다.

위 사례에서, A사 대표가 너무나 미안한 마음에 B사 대표를 따로 만나 여러 사정을 이야기하면서 A사의 자진신고 사실을 알려 주었다면, A사는 공정위 조사에 성실하게 협조를 하지 않았다는 이유로 1순위 자진신고자의 지위가 박탈되고 그 결과 면제될 수도 있었던 시정조치 및 과징금이 그대로 부과됩니다.

〈사례〉

A사는 방위산업 분야 소프트웨어 개발을 하는 회사입니다. A사는 이 분야에 독보적인 기술력과 노하우를 보유하고 있기 때문에 다른 회사들은 A사가 참여한 입찰에는 입찰참여를 포기하는 경우가 많았습니다. 그 결과 A사의 단독 입찰로 입찰 자체가 유찰되는 경우가 많았습니다.

A사의 대표는 유찰로 인해 소프트웨어 개발사업 수주가 지연되는 일이 잦아지자, 평소 친하게 지내던 B사 대표에게 연락을 하여 조달청이 발주한 군용장비 관리 소프트웨어 개발 입찰에 참여해 줄 것을 요청하였습니다. B사의 대표는 A사 대표와의 친분을 고려하여, A사가 정해 준 투찰가격과 A사가 대신 작성해 준 제안서로 입찰에 참여하였고, 결국 가격과 기술력이 월등한 A사가 낙찰자로 결정되었습니다.

한편, 공정위는 조사를 마친 후에 입찰을 주도한 낙찰사 A사에 대하여는 과징금 10억 원을, 들러리로 참여한 B사에 대하여는 과징금 5억 원을 부과하였고, B사는 2025. 1. 15. 공정위로부터 의결서를 수령하였습니다. B사의 대표는 최근 경기불황으로 회사의 사정도 어렵고, 과징금이 과다하다는 생각이 들어 공정위 의결에 대하여 어떻게 대응을 할지 고민하고 있습니다.

공정위는 입찰담합이 인정될 경우, 시정명령, 과징금납부명령 등의 불이익한 처분을 하게 되며, 법인 또는 개인에 대하여 고발 결정을 하게 됩니다. 특히 공정위가 부과하는 과징금은 그 액수가 상당하여 회사에 부담이 되는 경우가 많은데, 회사로서는 이에 대해 어떻게 대응할 수 있는지 살펴볼 필요가 있습니다.

불복기간 30일

공정위 처분에 대한 불복방법으로는 ① 이의신청 방법과 ② 행정소송 방법이 있습니다. 이의신청 및 행정소송 모두 공정위 의결서가 피심인에게 송달된 날로부터 30일 이내에 이의신청 또는 법원에 소를 제기하여야 하며, 위 기간은 불변기간입니다.

참고로, 행정소송법은 일반 취소소송의 제소기간을 '처분 등이 있음을 안 날부터 90일', '처분 등이 있은 날로부터 1년'으로 규정하고 있으나, 공정거래법은 이보다 훨씬 짧은 불복기간(30일)을 규정하고 있으므로 주의가 필요합니다.

이의신청을 통한 불복

이의신청은 공정위의 의결에 대해 재차 공정위에 다시 판단을 받는 절차를 의미합니다. 피심인이 의결서를 송달받은 날로부터 30일 이내에 공정위에 이의신청서를 제출하면, 공정위는 원처분에 대해 심의를 하고 재결하여야 합니다. 공정위는 이의신청에 대하여 심리를 한 이후에 각하,

기각, 원처분의 취소 또는 변경(이의신청이 이유가 있다고 인정하는 경우) 결정을 하게 됩니다.

이의신청은 공정위의 원처분에 대해 다시 판단을 구하는 경우가 대부분이므로, 구술심의를 개최하지 아니하고 서면심의 방식으로 절차가 진행됩니다.

이의신청 절차는 공정위 의결에 대하여 해당 의결에 관여한 위원님들이 다시 판단하는 절차이므로, 특별한 사정변경이 없는 이상 이의신청이 인용되는 경우는 많지 않습니다.

공정위에 대한 이의신청이 받아들여지지 않을 경우, 피심인은 이의신청에 대한 재결서 정본을 송달받은 날로부터 30일 이내에 다시 행정소송을 제기할 수 있습니다.

위 사례에서, B사가 이의신청을 하고자 하는 경우, 의결서를 송달받은 날인 2025. 1. 15.부터 30일 이내인 2025. 2. 14.까지 이의신청서를 작성하여 공정위에 접수시켜야 합니다.

행정소송을 통한 불복

일반 행정소송은 행정법원, 고등법원, 대법원의 판단을 받는 3심제이나, 공정위는 준사법적 기관으로서 1심의 기능이 인정되므로, 공정위 처분에 대한 취소소송은 서울고등법원, 대법원의 판단을 받는 2심제라고 할 수 있습니다.

공정위 처분의 취소를 구하는 소는 전속관할 법원인 서울고등법원에 제기하여야 합니다.

피심인은 의결서를 송달받은 날로부터 30일 이내에 또는 이의신청에 대한 재결서 정본을 송달받은 날로부터 30일 이내에 서울고등법원에 반드시 소장을 접수하여야 하며, 30일이 도과하면 공정위 처분이 확정되므로 그 이후에 접수한 소장은 모두 각하처리 됩니다.

위 사례에서, B사가 이의신청을 제기하지 않고 곧바로 행정소송을 제기하고자 한다면, 마찬가지로 의결서를 송달받은 날인 2025. 1. 15.부터 30일 이내인 2025. 2. 14.까지 소장을 작성하여 서울고등법원에 접수시켜야 합니다.

과징금에 대한 집행정지 신청

회사에 부과된 과징금이 지나치게 과다할 경우, 공정위의 과징금 처분에 대한 집행정지 신청을 할 수 있습니다.

과징금납부명령에 대한 집행정지 신청은 공정위의 과징금 처분을 취소하는 본안 행정소송과 같이 제기하여야 합니다. 집행정지 신청서에는 처분사유의 위법성뿐만 아니라 처분으로 인한 중대한 손해 발생, 긴급한 필요성 등을 함께 설명하여야 합니다.

통상 금전 납부를 명하는 처분은 그 손해가 회복될 수 있다고 보아 집행정지 신청이 기각되는 경우가 많습니다. 그러나 과징금 집행으로 인하여 회사의 경영 전반에 미치는 파급효과나 자금 사정 등에 중대한 영향이 미칠 수 있는 경우에는 과징금 납부명령에 대해서도 집행정지 신청이 인용되는 경우도 있습니다.

위 사례에서, B사는 현재 회사의 전반적인 경영사정이 좋지 않고, 부채가 과다하며, 5억 원의 과징금을 납부하기 위한 대출마저도 여의치 않은 상황이라면, 이러한 사정을 소명하여 과징금납부명령에 대해서도 집행정지 신청을 하는 방법을 고려해 볼 수 있습니다.

과징금 납부기한 연장 및 분할납부 신청

재해 등으로 회사의 재산에 현저한 손실이 발생하거나, 사업여건의 악화로 사업이 중대한 위기에 처한 경우, 과징금 일시납부에 따라 자금사정에 현저한 어려움이 예상되는 경우에는 과징금 납부를 연기하거나 과징금을 분할하여 납부할 수 있습니다.

과징금 납부기한 연장 및 분할납부를 하기 위하여는, 과징금 납부를 통지받은 날로부터 30일 이내에 공정위에 별도의 신청을 하여야 하며, 공정위가 이를 허용하는 의결이 있어야 합니다.

과징금 납부기한의 연기는 2년을 초과할 수 없고, 분할납부의 경우 납부기한의 간격은 6개월을 초과할 수 없고, 분할횟수도 6회를 초과할 수 없습니다.

위 사례에서, B사가 입찰담합 행위를 모두 인정한다면 행정소송을 제기하는 것은 불필요한 절차가 될 수 있습니다. 다만 행정소송이나 집행정지를 신청하지 않더라도, B사가 단기적인 자금 사정의 어려움으로 과징금의 일시납부가 어렵다면, 공정위에 과징금 납부기한 연장 및 분할납부 신청을 하는 방법을 고려해 볼 수 있습니다.

〈사례〉

A사는 광고업에 종사하는 대기업입니다. A사 소속 직원 K는 신규 상품 홍보를 위한 업무를 소속 팀장으로부터 부여 받았는데, 자신의 업무에 도움을 받고자 프리랜서로 활동하는 개인사업자인 B에게 광고주 섭외와 온라인에 배포할 광고안 작성을 부탁하였습니다. 그런데 A사의 직원 K는 소속 팀장이나 동료 직원 등에게 상의 없이 B에게 업무를 부탁하였습니다.

B는 A사 직원 K와 평소 친분관계가 있었고, 대기업인 A사의 업무이므로 향후 거래관계를 고려하여 A사 직원 K에게 별도로 계약서 작성을 요구하지 않았습니다.

그런데 B가 관련 작업을 모두 완성하여 A사 직원 K에게 제공하였음에도, K는 회사의 사정이 어려워서 다음 프로젝트에서 대금을 높여서 지급해 주겠다고 하면서 아무런 대가를 지급하지 않고 있습니다.

B는 최대한 신속하게 대금을 받을 수 있는 법적 절차가 무엇인지 고민하고 있습니다.

돈을 지급받지 못하는 경우 통상 취할 수 있는 방법은 법원의 민사소송입니다. 그러나 법원의 절차는 시간과 비용이 많이 소요되고, 특히 소가가 3,000만 원 미만인 사건은 소액사건으로 분류되어 판결 이유가 기재되지 아니한 판결문을 받기도 합니다. 이하에서는 민사소송 이외에 특히 중소기업이나 개인사업자가 취할 수 있는 분쟁 해결절차가 무엇인지에 대해 살펴봅니다.

공정거래조정원 조정절차

한국공정거래조정원(이하 "**공정거래조정원**")은 불공정거래행위 관련 분쟁을 해결하는 공정위의 산하 기관입니다. 공정거래조정원은 공정거래법상 불공정거래 행위나 하도급법, 가맹사업법, 대규모유통업법, 대리점법상 불공정거래행위와 관련된 사업자들 사이의 분쟁 업무를 처리합니다.

분쟁조정을 신청할 수 있는 자는 '사업자'입니다. 개인사업자 및 회사 등 법인사업자는 분쟁조정을 신청할 수 있지만, (사업자가 아닌) 개인이나 소비자는 공정거래조정원의 분쟁조정 절차를 이용할 수는 없습니다. 공정거래조정원의 분쟁 처리기간은 원칙적으로 90일 이내이지만, 복잡하고 쟁점이 많은 사건은 처리기간이 늘어날 수 있습니다.

공정거래조정원을 통하여 분쟁 조정이 성립하면, 재판상 화해와 동일한 법적 효과가 발생합니다. 또한 해당 사안에 대해서는 더 이상 민사소송 제기나, 공정위 신고 등을 제기할 수 없습니다.

위 사례에서, B는 혼자서 활동하는 개인 프리랜서이지만, 광고업을 영위하는 사업자(개인사업자)입니다. 또한 A사가 B에게 위탁한 광고 관련

업무는 하도급법상 용역위탁의 범위에 해당하므로, 대기업 A사와 개인
사업자 B 사이의 거래에는 하도급법이 적용될 수 있습니다. 따라서 B는
A사의 하도급법상 서면미교부 행위, 하도급대금 미지급 등 B사의 불공
정거래행위를 주장하면서 공정거래조정원에 분쟁조정을 신청할 수 있습
니다.

대 · 중소기업농 · 어업협력재단 조정절차

대 · 중소기업 · 농어업협력재단(이하 "**협력재단**")은 중소벤처기업부 산하
기관으로서 대 · 중소기업 상생협력 촉진에 관한 법률(이하 "**상생협력법**")의
수탁 · 위탁 거래와 관련한 대기업과 중소기업 사이의 분쟁을 해결하는 기
관입니다.

협력재단은 상생협력법상의 불공정거래행위와 관련된 사업자들 사이
의 분쟁 업무를 처리하는데, 상생협력법상 불공정거래행위는 하도급법상
불공정거래행위와 상당 부분이 유사합니다. 또한 상생협력법상 수탁 · 위
탁거래의 범위는 하도급법상 하도급거래의 범위보다 넓으므로, 하도급법
상 하도급거래는 모두 상생협력법상 수탁 · 위탁거래에 해당합니다.

위 사례에서, 개인사업자인 B는 대기업 A로부터 광고 용역과 관련한
업무를 위탁받았으므로, A사와 B 사이의 거래는 상생협력법상 수탁 · 위
탁거래에 해당하여 상생협력법이 적용될 수 있습니다. 따라서 B는 A사의
상생협력법상 약정서 미발급 행위, 납품대금 미지급 등 B사의 불공정거
래행위를 주장하면서 협력재단에 분쟁조정을 신청할 수 있습니다.

공정위의 분쟁조정 의뢰

공정위는 접수된 신고사건 중에서 당사자들의 협의나 조정으로 해결하는 것이 적합한 사건에 대해서는 공정거래조정원에 분쟁조정을 의뢰할 수 있습니다.

위 사례에서, B는 대기업 A사의 불공정거래행위를 공정위에 신고를 하더라도, 공정위가 공정거래조정원에 분쟁조정을 의뢰하면, 공정거래조정원의 분쟁조정절차를 통하여 B가 대기업 A사로부터 적정한 수준의 대금을 지급받는 조건으로 사건이 신속히 마무리 될 수 있습니다.

다만, 조정이 성립하지 않는 경우에는 해당 사건은 공정위로 다시 이첩이 되고, 공정위의 조사를 거쳐 A사는 시정명령, 과징금 등 제재처분을 받을 수 있습니다.

〈사례〉

A사는 광고업에 종사하는 대기업입니다. A사 소속 직원 K는 신규 상품 홍보를 위한 업무를 소속 팀장으로부터 부여 받았는데, 자신의 업무에 도움을 받고자 프리랜서로 활동하는 개인사업자인 B에게 광고주 섭외와 온라인에 배포할 광고안 작성을 부탁하였습니다. 그런데 A사의 직원 K는 소속 팀장이나 동료 직원 등에게 상의 없이 B에게 업무를 부탁하였습니다.

B는 A사 직원 K와 평소 친분관계가 있었고, 대기업인 A사의 업무이므로 향후 거래관계를 고려하여 A사 직원 K에게 별도로 계약서 작성을 요구하지는 않았습니다.

그런데 B가 관련 작업을 모두 완성하여 A사 직원 K에게 제공하였음에도 불구하고, K는 회사의 사정이 어려워서 다음 프로젝트에서 대금을 좀 더 높여서 지급해 주겠다고 하면서 아무런 대가를 지급하지 않고 있습니다.

B는 최대한 신속하게 대금을 지급받고자 A사의 하도급법 위반을 이유로 공정거래조정원에 분쟁조정을 신청하였고, A사의 법무팀은 공정거래조정원으로부터 분쟁조정 절차 개시 공문을 수령하였습니다.

A사의 법무팀은 직원 K가 상부에 보고 없이 독단적으로 한 행위이고,

공정거래조정원에서 분쟁이 조정될 경우, 공정위는 해당 사건에 대하
여 더 이상 조사를 진행하지 않고 시정명령, 과징금 등을 부과하지도 않습
니다. 피신청인 입장에서 분쟁조정 절차에 참여하는 주된 이유는 공정위
의 조사나 제재 등으로 인한 불이익을 피하는 것입니다. 이하 하도급법에
서 주로 문제 되는 법 위반 행위의 유형과 그에 대한 공정위의 제재에 대
해서 살펴봅니다.

주요 하도급법 위반 행위

하도급법은 다양한 불공정거래행위를 규정하고 있는데, 이를 거래단계
로 구분하여 살펴보도록 합니다.

(1) 계약체결 단계에서는, 원사업자의 '서면의 발급의무', '서류의 보존의
무', '부당한 특약의 금지'와 관련한 불공정거래 행위가 문제됩니다.

(2) 하도급대금 결정과 관련하여서는, 원사업자의 '부당한 하도급 대금
의 결정 금지', '부당감액 금지', '경제적 이익의 부당 요구 금지', '설계
변경에 따른 하도급대금의 조정'과 관련한 불공정거래 행위가 문제
됩니다.

(3) 검사 및 수령 단계에서는, 원사업자의 '목적물 검사 및 결과통지 의무',
'부당 위탁취소 금지', '부당반품 금지' 등이 문제될 수 있습니다.

　　　　　　　　　　　　　중소기업을 위한 법률, 회계가이드

(4) 하도급대금 지급 단계에서는 '선급금 지급의무', '하도급대금 지급의무', '부당한 대물변제 금지', '건설하도급 계약이행 및 대금지급 보증' 등이 문제될 수 있습니다.

(5) 그 외에 하도급거래 과정에서, 원사업자의 '기술탈취 금지', '부당한 경영간섭 금지', '보복조치 및 탈법행위 금지' 기술탈취 등도 문제될 수 있습니다.

위 사례에서, A사는 광고업에 종사하고 있고 그 업무 중의 일부를 개인사업자 B에게 위탁하였으므로, A사와 B의 거래행위에 대해서 하도급법이 적용될 수 있습니다.

또한 A사의 직원 K가 소속 팀장 또는 임원 등에게 보고하지 않고 친분이 있는 B에게 업무를 맡긴 것이라고 하더라도, 회사의 임직원이 그의 업무와 관련하여 한 행위는 회사의 행위로 보므로, 결국 직원 K의 행위는 대기업 A사의 행위로 '간주'됩니다.

따라서 직원 K의 행위는 원사업자인 A사가 수급사업자 B에게 계약서 등을 발급하지 아니한 것이므로 A사의 '서면의 발급의무' 위반행위가 성립할 수 있고, 또한 원사업자인 A사가 수급사업자 B에게 위탁한 업무에 대한 대가를 지급하지 않은 것이므로 A사의 '하도급대금 지급의무' 위반이 성립하게 됩니다.

하도급법 위반에 따른 제재나 불이익

공정위가 하도급법 위반 행위에 대하여 부과하는 제재 처분은 공정거래법 위반 행위에 대하여 부과하는 제재와 크게 다르지 않습니다.

공정위가 부과할 수 있는 행정적 제재로는, (i) 하도급대금 지급, 법 위반행위 중지, 재발방지 등의 시정조치, (ii) 시정조치를 받았다는 사실을 언론을 통하여 공표하도록 하는 공표명령, (iii) 하도급대금 2배 이하의 과징금 부과, (iv) 벌점 누적에 따른 상습 법위반자 명단공표, (v) 벌점 누적에 따른 입찰참가자격 제한 요청 등이 있습니다.

또한 하도급법 위반 행위에 대하여는 하도급대금의 2배 이하의 벌금으로 형사처벌을 받을 수 있는데, 공정거래법 위반행위와 마찬가지로 형사처벌을 하기 위하여는 공정위가 고발을 하여야만 공소를 제기할 수 있습니다(전속고발권). 다만, 공정위가 고발요청을 하지 않더라도, 검찰총장, 중소벤처기업부장관, 조달청장 등은 처벌이 필요하다고 판단할 경우, 공정위에 고발요청을 할 수 있으며, 이러한 경우 공정위는 검찰총장에게 무조건 고발을 하여야 합니다.

공정위는 하도급법 위반 행위에 대하여도 보도 자료를 배포하며, 인터넷 신문, 방송 등은 공정위 보도 자료를 토대로 기사를 작성하여 배포하므로, 해당 기업의 브랜드나 이미지 등에 타격이 발생할 수도 있습니다.

나아가 원사업자의 하도급법 위반 행위로 인하여 손해를 입은 수급사업자는 법원에 민사소송을 제기할 수 있으며, 소송 대응 과정에서 변호사 비용이 추가로 발생할 수 있고, 법원 판결에 따라 손해배상금을 지급해야 할 수도 있습니다.

위 사례에서, A사의 법무팀은 우선 직원 K와 별도로 면담을 진행하면서 B의 주장이 대부분 사실인지 여부를 확인할 필요가 있습니다. A사의 법무팀이 자체적으로 조사한 결과도 B의 주장과 다르지 않고, 하도급법

위반에 해당할 가능성이 크다고 판단되면 공정거래조정원의 분쟁조정 절
차에 임하여 B에게 적정한 금액의 하도급대금을 지급하고 관련 사건을
종결시키는 방법이 A사의 법적 리스크나 법률 비용을 낮출 수 있는 결정
일 수 있습니다.

〈사례〉

A사는 자동차용 안전벨트를 제조하여 자동차 회사에 납품하는 중견 기업입니다. A사는 안전벨트를 생산하는 최신 기계를 새로 도입하기로 하고 공장용 자동화 기계를 전문적으로 제조하는 중소기업 B사에게 제작을 위탁하였습니다.

B사는 안전벨트를 자동으로 생산하는 최신 기계를 제조하여 A사에게 납품을 하였습니다. 그런데, A사는 그 후 B사에게 납품한 최신 기계의 설계도면을 제공해 달라고 요청하였습니다. 또한 A사는 B사에게 지급할 대금에는 설계도면의 대가도 포함되어 있는 것이라고 주장하면서 B사가 설계도면을 제공할 때까지 잔금 지급을 거절하고 있습니다. B사는 A사의 설계도면 요구 행위와 대금 미지급 행위에 대해 어떠한 법적 조치를 취할 수 있을지 고민을 하고 있습니다.

대기업의 중소기업에 대한 이른바 갑질 행위를 규제하는 대표적인 법률로 공정위가 관할하는 하도급법과 중소벤처기업부가 관할하는 상생협력법을 들 수 있습니다. 그런데 하도급법이 적용되는 하도급거래의 범위보다 상생협력법이 적용되는 수탁 · 위탁 거래의 범위가 더 넓습니다. 하도급거래는 모두 수탁·위탁 거래에 해당하지만, 반대로 수탁·위탁 거래 중 일부는 하도급거래에 해당하지 않는 경우가 있습니다.

하도급법의 적용 범위

하도급법상 하도급거래는 원칙적으로 '발주자'가 위탁한 업무를 위탁받은 '원사업자'가 그 업무 중 일부를 '수급사업자'에게 다시 위탁하는 거래를 의미합니다.

또한 하도급거래의 위탁의 업무대상도 '제조위탁', '건설위탁', '수리위탁', '용역위탁'으로 한정되어 있습니다. 예를 들어, 임대 위탁이나 중개 위탁 등은 하도급법이 적용되는 위탁거래에 해당하지 않습니다.

'제조위탁'의 대상이 되는 물품의 범위도 정하여져 있습니다. 완제품, 중간재, 부품은 제조위탁의 대상이 되지만, 물품 생산을 위한 기계나 설비는 제조위탁의 대상이 아닙니다. 즉 공장에 설치되는 기계나 설비의 제작을 위탁하는 것은 하도급법이 정한 제조위탁의 대상이 아닙니다.

위 사례에서, (i) 안전벨트를 제조하는 A사가 안전벨트의 부품인 고리 제작을 B사에게 위탁하였다면 이는 하도급법상 제조위탁에 해당합니다. 그러나 (ii) A사가 안전벨트를 생산하는 자동화 기계 제작을 B사에게 위탁하였다면 '기계나 설비'는 제조위탁의 대상이 아니므로 하도급법상 제조위탁에 해당하지 않습니다.

하도급법은 기술자료 요구행위 금지, 하도급대금 지급 의무 등을 규정하고 있지만, A사가 B사에게 위탁한 안전벨트 생산 자동화 기계 제조는 하도급법이 적용되는 제조위탁 하도급거래가 아니므로, B사는 A사의 하도급법 위반을 주장하지 못합니다.

따라서 B사가 A사의 하도급법 위반을 이유로 신고를 하더라도, 공정위는 기계나 설비 제조위탁 거래에는 하도급법이 적용되지 않는다는 이유로 A사의 기술자료 요구행위나 하도급대금 미지급 행위에 대해 조사를 개시하지 않습니다.

또한 B가 A사의 하도급법 위반을 이유로 조정신청을 하더라도, 공정거래조정원도 기계 제조위탁 거래에 대해서는 하도급법이 적용되지 않는다는 이유로 조정절차를 개시하지 않을 수 있습니다.

상생협력법의 적용 범위

상생협력법상 수탁·위탁 거래는 제조, 공사 등의 사업을 하는 '위탁기업'이 제조, 공사 등의 사업을 하는 '수탁기업'에게 물품 등의 제조를 위탁하는 거래를 의미합니다. 하도급은 원칙적으로 도급계약이 중첩된 재도급거래를 의미하지만, 수탁·위탁 거래는 도급계약의 중첩을 요하지 않습니다.

수탁·위탁 거래의 위탁의 업무대상은 제조, 수리, 공사, 판매, 가공, 용역 등으로 하도급거래의 위탁 업무의 대상보다 범위가 넓습니다.

또한 제조위탁의 대상이 되는 물품의 범위에도 제한이 없으므로, 물품생산을 위한 '기계나 설비'의 제작도 수탁·위탁 거래의 제조위탁의 대상이 되는 물품에 해당합니다.

위 하도급거래와 비교해 보면, (i) 안전벨트를 제조하는 A사가 안전벨트의 부품인 고리 제작을 B사에게 위탁하였다면 하도급법상 제조위탁은

물론이고 상생협력법상 제조 수탁·위탁 거래에도 해당합니다. 또한 (ii)
A사가 안전벨트 생산 자동화 기계 제작을 B사에게 위탁하더라도 상생협
력법은 '기계나 설비'를 제조위탁의 대상에서 제외하지 않으므로 상생협
력법상 제조 수탁·위탁 거래에 해당합니다.

상생협력법은 하도급법과 마찬가지로 기술자료 요구행위 금지, 납품대
금 지급 의무에 대해 규정하고 있습니다.

B사는 A사의 하도급법 위반을 이유로 공정위에 신고를 하거나 공정거
래조정원에 분쟁조정을 신청할 수는 없지만, A사의 상생협력법 위반을
이유로 중소벤처기업부에 신고를 하거나 협력재단에 분쟁조정을 신청할
수는 있습니다.

위탁거래의 성격에 대한 신중한 검토

중소기업이 대기업으로부터 억울한 일을 당하였다고 하더라도, 어떠한
법률이 적용될 수 있는지를 먼저 정확히 확인한 다음 필요한 법적 절차를
취하여야 합니다.

공정위에 신고를 하더라도 해당 거래에 대해 하도급법이 적용되지 않는
다면 대기업은 공정위로부터 아무런 제재를 받지 않게 되고, 결국 공정위
신고는 불필요한 시간과 노력을 낭비한 것이 될 수도 있기 때문입니다.

신기현 변호사

저자 소개

신 기 현 변호사

법무법인(유한) 민 파트너 변호사
www.lawmin.net
khs@lawmin.net

- 법무법인(유한) 민 변호사
- 서울대학교 공과대학, 연세대학교 법학전문대학원(최우등) 졸업
- 변리사 시험 합격, 변호사 시험 합격
- 前 법무법인(유한) 광장 변호사
- 특허청 고문변호사
- 2023년 법무부 장관상 표창(중소기업법률지원유공표창)
- 유튜브 채널 운영 - 신뢰 가는 신변, 신기현 변호사

주요 업무분야는 부동산으로 분양계약, 임대차 계약, 단체 소송 등 수분양자 및 소비자 편에서 다양한 소송과 자문을 진행하고 있습니다. 춘천시 온숲속의아침VIEW 등 언론에서 크게 다루어지는 부동산 분쟁 사건을 수행한 바 있습니다.

또 다른 업무분야로 프랜차이즈 및 스타트업 분야 자문 및 소송을 진행

 중소기업을 위한 법률, 회계가이드

하고 있습니다. 국내 최대 규모의 무인사진관 프랜차이즈 사건, 수백억 이상의 투자를 받은 유망 스타트업 다수 자문 등을 수행하고 있습니다. 또한 언론을 떠들썩하게 했던 아이돌 그룹 사건 등 저작권, 엔터테인먼트 분쟁도 함께 수행하고 있습니다.

중소기업법률지원단 자문변호사로 2023년 법무부장관상(중소기업 지원 유공)을 표창 받는 등 중소기업을 위한 자문 및 소송에 힘쓰고 있습니다.

이 책에서는 기업을 운영하는 데 있어 자주 마주치는 법률문제들, 가장 많이 궁금해하실 만한 문제 상황들에 대해서 다루어 보았습니다. 가벼운 마음으로 전체를 읽어 보신다면, 앞으로 마주할 기업 문제들을 예방할 수 있는 백신 같은 역할을 할 것이라고 확신합니다.

다른 사람 이름으로 빌려준 차명주식을 다시 환원하려면?

〈사례〉

A사는 지속적이고 안정적인 매출을 내며 업계에서 20년 이상 탄탄하게 자리 잡은 건실한 회사입니다. 그러나 A사의 대표이사는 해결되지 않는 골치 아픈 걱정을 안고 있습니다. 회사 설립 시에 친구와 친척에게 나눠 놓았던 주식 지분 때문입니다.

과거 상법은 주식회사 설립 시 발기인의 수를 7인 또는 3인으로 강제하였기 때문에, A사의 대표이사는 실제로 회사 경영에 참여하지 않는 친구와 친척들에게도 어쩔 수 없이 주식 명의를 나누어 주었습니다. 이제는 상법도 바뀌고 경영이 안정되어 주식을 되찾아 오려고 하니, 일각에서는 주식을 회복하는 과정에서 증여세나 양도세 등 고액의 세금이 발생할 염려가 있다는 이야기를 합니다.

A사 대표이사는 외부로 나가 있는 주식을 계속 그대로 두자니 점점 불안함이 커지고, 반대로 지금 주식을 가져오자니 세금이 크게 부담되는 상황입니다.

주식회사의 자문 업무를 하다 보면, 주식의 실제 주주와 명의만 빌려준 형식적 주주가 서로 분리되어 있는 사례가 매우 많습니다. 법률적으로는

중소기업을 위한 법률, 회계가이드

이를 주식 명의신탁이라고 합니다. 주식 명의신탁은 그 자체로 매우 많은 위험성을 내포하고 있습니다.

주식 명의신탁이 발생하는 이유

앞선 사례에서 보듯이, 과거에는 상법상 규제로 인해 3인 또는 7인 이상이 주식회사의 발기인으로 참여하였어야 했고, 그 과정에서 실제 회사 경영이나 소유에 참여하지 않는 사람들도 주주로 들어오는 경우가 많았습니다.

이외에도 주식 명의신탁은 매우 다양한 이유에서 발생하는데, 예를 들어 과점주주 회피, 각종 지원사업의 선정, 기타 개인적 이유에서 오늘날에도 명의신탁이 빈번하게 이루어지고 있습니다.

주식 명의신탁의 위험성

주식 명의신탁 기간이 길어지면, 일부 형식적 주주(명의수탁자)들은 초기의 명의신탁 관계를 부인하고 자기가 실질 주주라고 돌변하는 경우들이 적지 않습니다. 이렇게 되면, 외부에서는 실질 주주인지 형식적 주주인지 구분이 잘 되지 않아 매우 치열한 분쟁이 발생할 수 있습니다.

설령 형식적 주주의 협조하에 주식 반환이 진행된다고 하더라도, 반환 시점의 주식 가치를 기준으로 증여세나 양도세가 매겨질 수 있기 때문에 매우 큰 세금이 동반될 수 있습니다.

이러한 위험성들이 있기 때문에, 법조계에서는 위험성을 최소화하고 주식을 회복할 수 있는 방법에 대한 연구가 이루어져 왔습니다.

안전한 주식 회복을 위한 방법 - 주식 명의신탁해지 및 주주권확인 소송

안전하게 주식을 회복하는 동시에 세금 부담을 줄이기 위해서는, 법원의 판결을 통해 주식을 회복하는 것이 최선입니다.

법원의 판결문이 있다면 과세관청에서도 특별한 사정이 없는 이상 판결의 효력을 부인할 수 없기 때문입니다. 또한 주식 명의신탁이 해지되었다는 점이 법원으로부터 인정되면 최초 명의신탁 시점의 주식 가격(= 액면가에서 그리 차이가 나지 않는 낮은 가격)을 기준으로 세금이 매겨지므로, 세금 부담도 매우 적어집니다.

소송을 진행할 경우, 담당 변호사의 노하우와 실력, 사건 정리 능력 등에 따라 달라질 수 있으나, 빠르게 절차가 진행될 경우 6개월 정도면 승소 판결문을 받을 수 있습니다(명의수탁자가 다투지 않는 경우). 6개월이 짧은 기간은 아닐 것이나, 주식 명의신탁 문제로 수년간 골머리를 앓고 있는 상황이라면 이보다 효과적이고 신속한 해결책은 없을 것입니다.

소송 외 시도해 볼 수 있는 방법 - 명의신탁주식 실제 소유자 확인제도

국세청은 소송 외에도 명의신탁주식 실제소유자 확인제도를 운영하여,

비교적 간소하게 명의신탁 문제의 해결을 도와주고 있습니다. 그러나 이 제도는 한정적인 영역하에서 비교적 깐깐한 요건하에만 적용 가능하니, 상담을 통해 미리 적용 가능성을 확인한 후 진행하시는 것이 좋습니다.

명의신탁주식 실제소유자 확인제도의 적용 요건은 아래와 같습니다.

- 주식발행법인이 2001년 7월 23일 이전에 설립되었고 실명전환일 현재 『조세특례제한법 시행령』 제2조에서 정하는 중소기업에 해당할 것
- 실제소유자와 명의수탁자 모두 법인설립 당시 발기인으로서 법인설립 당시 명의신탁한 주식을 실제소유자에게 환원하는 경우일 것

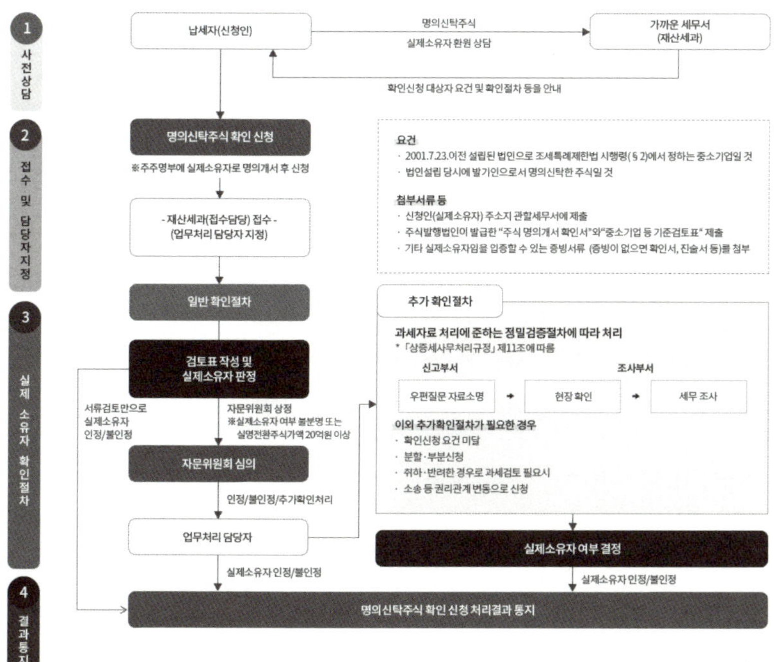

[참고자료 - 명의신탁주식 실제소유자 확인제도, 국세청 제공]

> 〈사례〉
>
> 민준 씨는 목돈이 들어가는 새로운 농장을 설립하여 사업을 확장하려고 하는 과정에서 자신의 자금만으로는 한계가 있음을 느꼈습니다. 그래서 평소에 잘 알고 지내면서 같은 업계에 오랫동안 종사해 온 서현 씨에게 공동 투자를 제안합니다.
>
> 나름대로 절박한 마음에 공동 투자를 요청하였으나, 한편으로는 서현 씨가 민준 씨의 처지를 이용하여 과도하게 많은 지분을 요구하는 것은 아닐지 걱정이 되기도 합니다. 그래서 모든 것을 미리 문서화하고자 하는데 어디서부터 어떻게 시작하여야 할지 걱정입니다.

스스로의 힘으로 모든 사업을 이끌어 가기가 힘들 때, 동업은 매력적인 선택지 중 하나임에 틀림없습니다. 그러나 한편으로는 '동업은 원수에게 권하라'라는 말이 있을 정도로 위험성이 큰 방식이기도 합니다.

이렇게 양면성이 있는 동업, 법적으로 어떻게 정리를 하여야 위험성을 최소화할 수 있을지 설명을 드려 보고자 합니다.

동업 계약을 체결하기 전 결정하여야 할 사항

동업 계약서를 작성하려면 계약서 작성 전 큰 틀에서 동업 조건들이 협상을 통해 미리 결정이 되어 있어야 합니다. 이러한 큰 틀의 동업 조건을 마련하는 과정을 법적으로는 '텀시트(Term Sheet) 작성'이라고 표현합니다.

동업 계약서 작성 전 협의가 필요한 사항들을 대표적으로 정리하면 아래와 같습니다.

- 투자액 및 투자 방식을 어떻게 할 것인지(예: 새로 구매하는 시설 매매가의 50%를 각자 부담, 공동 등기)
- 추후 동업자 추가 가능성을 열어 놓을 것인지(예: 전원의 만장일치 합의하에 추후 동업자 추가 가능)
- 사업상 의사결정권을 배분할 것인지, 아니면 대표자 1인이 독점할 것인지(예: 대표자 1인이 모든 사업상 의사결정권을 갖고, 다른 동업자에게는 보고 의무만 부담)
- 운영비나 손실금 등 적자에 대한 위험 부담을 대표자 1인이 질 것인지, 동업자가 나누어 부담할 것인지(예: 대표자 1인이 적자에 대한 위험 부담, 동업자는 자신이 투자한 금액 범위에서만 책임을 지고 최종적으로 적자가 나는 경우에도 이에 대한 책임은 없음)
- 이익 분배는 몇 대 몇으로 할 것이며 구체적 지급 방법은 어떻게 할 것인지, 이익 분배금 외에 별도로 근무에 대한 대가를 줄 것인지(예: 이익 분배율은 투자금의 비율만큼으로 결정, 순이익을 기준으로 분기별 정산, 동업자가 공동 투자한 것 외에 근로자처럼 업무 수행 시

그에 대한 노무비 별도 지급)

- 동업자의 지위를 제3자에게 양도하는 것을 허락할 것인지(예: 동업자의 지위는 양도 불가)
- 정산서 등 수익을 감사하는 권한을 어떻게 둘 것인지(예: 대표자가 동업자에게 매 반기별 재무제표 등 회계 서류 제공)
- 동업 계약 탈퇴 시 어떻게 처리할 것인지(예: 탈퇴 시 자산평가를 하여 투자 지분율에 따라 지급, 1년 내 탈퇴 시에는 투자금의 절반을 위약금으로 납부하게 함)
- 겸업 금지 규정 둘 것인지(예: 동종 업종을 겸직할 수 없음)

통상은 위와 같은 협의 과정부터 법률전문가의 코치를 받아 진행하는 것이 가장 안전합니다.

동업계약서 작성

주요 조건들이 확정되고 나면, 동업계약서를 작성하게 됩니다.

동업계약서는 반드시 법률전문가에게 의뢰를 하시기를 추천드립니다. 동업에 관한 분쟁은 매년 끊이지 않고 발생하는데, 그 근본 원인이 제대로 작성되지 않은 동업계약서 문구에 있는 경우가 대부분이기 때문입니다. 복잡하고 미묘한 계약서 규정들이 자칫 중의적이거나 모호하게 해석이 될 경우, 그대로 분쟁의 씨앗이 된다는 점을 잘 알아 둘 필요가 있습니다.

동업계약의 대안 - 법인 설립 및 주식 배분

동업계약서는 동업자들이 개인사업자인 경우에 활용되는 방식입니다. 그러나 만약 법인을 세워서 운영을 하는 경우라면, 동업계약서를 작성하는 것보다는 주식 지분을 적절히 배분하고 주주 간 계약서를 작성하는 것이 더 바람직합니다.

이러한 방식을 사용한다면, 이익 분배율대로 주식 지분을 배분할지, 주식 지분 대신 실제 현금을 더 지급하는 방식으로 대체를 할지, 주식을 배분해 주는 동시에 등기 이사로 등재를 할지 등 더 다양한 선택지를 고려할 수 있습니다.

이 문제는 법인을 설립할지, 개인사업자로 사업을 할지의 문제와도 긴밀하게 연관이 됩니다. 다음 챕터에서 이 내용을 좀 더 설명 드리도록 하겠습니다.

사업을 시작하려는데 법인으로 할까? 개인사업자로 할까?

> 〈사례〉
>
> 민선 씨는 좋은 기회를 소개받아 다른 3명의 동업자와 장례식장 사업을 시작하려 합니다. 그런데 사업 방식을 법인으로 운영할지 개인사업체로 운영할지 고민이 많습니다. 주변에 물어보아도 제각기 답이 달라서 도저히 종잡을 수가 없습니다. 누구는 세금 문제, 누구는 의사결정 문제, 누구는 등기 문제를 들며 서로 다른 방식을 추천하기 때문입니다. 민선 씨는 속 시원한 해결책을 기다리고 있습니다.

법인으로 사업을 꾸릴지, 개인사업체로 꾸릴지는 사업자의 영원한 고민입니다. 이는 비단 창업자뿐만 아니라 새로운 분야로 사업 영역을 넓히려는 기존 사장님들에게도 같은 고민이 될 수 있습니다.

개인사업자와 비교하였을 때 법인의 특징

개인사업자와 비교하였을 때, 법인은 아래와 같은 특징을 갖습니다.

- 개인과 법인의 법인격의 분리

  : 법인의 법률행위로 인한 책임은 법인이 지며, 개인이 책임을 지지

않습니다. 이러한 맥락에서, 법인을 세운 사람은 사업이 실패하더라도 그 법인에 투자된 자본금을 손실할 뿐 추가적인 손해를 입지는 않습니다. 다만, 만약 대출 등에서 대표이사 개인의 연대책임 서명을 하였다면 예외가 적용됩니다.

- 법인세율 적용

  : 법인의 경우 법인세율을 적용받는데, 대부분의 경우 22% 이하에서 법인세율이 결정됩니다. 개인사업자의 소득세가 50% 정도까지 치솟을 수 있다는 점을 고려하면, 상당한 혜택으로 볼 수 있습니다. 위와 같이 법인세율이 낮다는 점을 이용하여 법인이 취득한 이익을 유보하는 등의 선택이 가능합니다.

- 개별 투자의 용이성

  : 외부에서 투자를 받는 데에 유리함이 있습니다. 개인 사업자의 경우 지분이나 주식이랄 것이 뚜렷하지 않지만, 법인의 경우 투자금에 대한 주식을 분배하면 되므로 투자 과정이 상대적으로 용이합니다.

- 의사결정 과정의 복잡성

  : 법인은 반드시 주주총회 또는 이사회와 같은 과정을 정기적으로 거쳐야 합니다. 대표자분들에게는 다소 번거로운 과정일 수 있습니다.

어느 경우에 법인을 만들어야 하는가

변호사로 일을 하면서, 법인사업자인 분들과 개인사업자인 분들을 다양하게 만나 자문을 해 왔습니다. 대체로 아래와 같은 기준으로 법인으로 사업을 할지 개인으로 사업을 할지를 결정하면 좋을 것 같습니다.

- 동업자라고 불릴 수 있는 사람이 몇 명인지?

  : 3인 이상일 경우 법인, 2인 이하일 경우 개인사업자

- 미래에 투자를 많이 받아야 하는 사업인지, 아니면 초기 참여자가 가

  지고 있는 자본으로 성장해 나갈 수 있는 사업인지?

  : 전자라면 법인, 후자라면 개인사업자

- 스톡옵션, 주식 배분 등을 통해 인재영입을 꾀하고 있는지, 아니면

  단순히 급여를 지급하는 방식으로 직원을 채용하는 방식인지?

  : 전자라면 법인, 후자라면 개인사업자

- 각종 정부지원 사업에 참여하여 지원금 확보를 노리고 있는지, 아니

  면 전통적인 방식으로 매출을 낼 계획인지?

  : 전자라면 법인, 후자라면 개인사업자

개인사업자로 사업을 하다가 법인 전환이 가능한가

개인사업자로 사업을 하다가 법인 전환하는 것도 물론 가능합니다. 주된 방법으로, 포괄양수도계약, 현물출자, 법인설립 후 개인사업자 폐업 등의 방법이 있습니다.

다만, 위 과정 모두에 상당한 시간과 돈이 들고 절차적 복잡성이 있으므로, 사업을 시작하는 초기부터 알맞은 방식을 택하기를 추천드립니다.

> 〈사례〉
>
> 중소기업 영업직 과장인 민호 씨는 최근 대기업과의 거래를 성사시켰습니다. 계약서를 준비하고 계약 체결을 위해 준비하고 있던 찰나 상대방 담당자로부터 회사 운영 방침상 계약은 전자계약으로 진행하고 싶다는 연락을 받았습니다. 이전까지 계약은 모두 서면으로만 진행해 본 민호 씨는 전자계약도 서면계약과 동일하게 효력이 있는 것인지 의문이 듭니다.

전자계약은 시간과 장소에 구애받지 않고 신속하게 계약을 체결할 수 있고, 계약의 안정성과 보안성이 강화되는 등 전자계약이 가진 여러 가지 장점 때문에 최근 큰 주목을 받고 있으며, 디지털 시대에 점차 더 널리 사용되고 있습니다.

전자계약의 유효성

전자계약의 유효성을 보장하기 위한 법률 자체가 존재한다는 점을 모르시는 분이 대부분일 것 같습니다. 우리나라는 전자계약을 위한 법률 자체를 만들어서, 그 효력을 보장하고 있습니다.

「전자문서 및 전자거래 기본법」에 따라 전자문서는 문서로서 법적 효력이 인정되며, 「전자서명법」에 따른 전자서명도 서면 서명과 동일한 효력을 가집니다. 즉, 전자계약은 전자서명법에 따라 당사자의 전자서명이 이루어진 경우 일반적인 서면 계약과 마찬가지로 법적으로 유효합니다.

- 「전자문서 및 전자거래 기본법」 제4조
  ① 전자문서는 전자적 형태로 되어 있다는 이유만으로 법적 효력이 부인되지 아니한다.
- 「전자문서 및 전자거래 기본법」 제4조의 2
  전자문서가 다음 각호의 요전자문서가 다음 각 호의 요건을 모두 갖춘 경우에는 그 전자문서를 서면으로 본다. 다만, 다른 법령에 특별한 규정이 있거나 성질상 전자적 형태가 허용되지 아니하는 경우에는 서면으로 보지 아니한다.
  1. 전자문서의 내용을 열람할 수 있을 것
  2. 전자문서가 작성·변환되거나 송신·수신 또는 저장된 때의 형태 또는 그와 같이 재현될 수 있는 형태로 보존되어 있을 것
- 「전자서명법」 제3조
  ① 전자서명은 전자적 형태라는 이유만으로 서명, 서명날인 또는 기명날인으로서의 효력이 부인되지 아니한다.
  ② 법령의 규정 또는 당사자 간의 약정에 따라 서명, 서명날인 또는 기명날인의 방식으로 전자서명을 선택한 경우 그 전자서명은 서

　　중소기업을 위한 법률, 회계가이드

명, 서명날인 또는 기명날인으로서의 효력을 가진다.

결론적으로, 정상적 절차를 통해 전자계약을 체결하는 경우라면 그 효력은 일반 문서로 계약하는 것과 같이 온전히 유효하다고 알고 계시면 되겠습니다.

법인 간 전자계약 체결 시 유의 사항

다만, 법인 간 전자계약 체결 시에는 몇 가지 조심하여야 할 것이 있습니다. 비교적 신원 확인이 명확한 개인 간 거래와 달리, 법인 간 거래의 경우 계약 체결 당사자가 적법한 권한을 가진 자인지 확인이 어려운 문제가 있기 때문입니다. 따라서 아래의 점을 꼭 챙겨서 거래를 하시는 것이 좋습니다.

- 서명자 권한 확인
  : 법인 계약 체결 시 서명자가 실제 대표자 또는 적법한 대리인인지 확인
- 계약 당사자 검증
  : 서명 주체가 법인임을 명확히 검증할 수 있는 서명 방식(법인 인증서 등)을 선택
- 전자 서명 로그 보관
  : 서명 이력과 관련 정보(서명 일시, 서명자 정보)를 보관하여 분쟁에 대비

〈사례〉

화장품 회사를 운영하고 있는 지선 씨는 한 근로자로부터 메일로 직장 내 괴롭힘을 당하고 있다는 신고를 받았습니다. 마침 뉴스에서 직장 내 괴롭힘 방지법에 대한 설명과, 사업주가 조치를 소홀할 경우 과태료가 나올 수도 있다는 얘기를 들었었기 때문에 사업주로서 대응이 필요할 것 같다는 생각이 듭니다. 다만 어떤 절차로 직장 내 괴롭힘을 조사해야 하고 어떤 조치가 필요한지 몰라 막막하기만 합니다.

직장 내 괴롭힘으로 인한 자살 등이 사회 전체의 문제로 부각되면서 2019년 1월 근로기준법에 직장 내 괴롭힘 금지 조항이 신설되었습니다. 해당 조항에서는 직장 내 괴롭힘이 발생한 경우 필요한 조치를 취하지 않는 사업주에게 과태료 부과뿐만 아니라 형사처벌을 할 수 있도록 규정하고 있습니다.

필요한 조치를 소홀히 하여 과태료나 형사처벌을 받지 않도록 직장 내 괴롭힘 발생 시 사업주가 꼭 해야 하는 조치 등을 이하에서는 설명 드리겠습니다.

직장 내 괴롭힘이란

근로기준법에 따르면 직장 내 괴롭힘이란 "사용자 또는 근로자가 직장에서의 지위 또는 관계 등의 우위를 이용하여 업무상 적정범위를 넘어 다른 근로자에게 신체적, 정신적 고통을 주거나 근무환경을 악화시키는 행위"를 의미합니다.

직장 내 괴롭힘은 그 양태가 매우 다양하고 여러 가지 사정을 종합적으로 판단해야 하는 만큼 직장 내 괴롭힘으로 볼 수 있는 행위를 일률적으로 열거할 수는 없으나, 그 유형을 나누어 보면 다음과 같습니다.

- 폭행, 협박 및 욕설(예: 정당한 이유 없이 업무 능력이나 성과를 인정하지 않고 조롱한 사례. 신체적인 위협이나 폭력을 가한 사례. 욕설이나 위협적인 말을 한 사례. 다른 사람 앞에서 모욕감을 주는 언행을 한 사례)
- 음주, 회식, 장기자랑 등의 강요(예: 의사와 상관없이 음주, 흡연, 회식 참여를 강요한 사례. 점심시간이나 휴식시간에 회사 장기자랑 준비를 강요한 사례. 회사 뒤풀이 술자리에서 재미를 위해 과한 행동을 한 사례)
- 집단 따돌림, 의도적 무시 및 배제(예: 개인사에 대한 뒷담화나 소문을 퍼뜨린 사례. 정당한 이유 없이 정보제공이나 의사결정 과정에서 배제한 사례. 휴가나 병가, 각종 복지혜택을 쓰지 못하도록 압력을 행사한 사례. 다른 근로자들과 달리 업무지시나 근로자 행동을 지나치게 감시하는 사례)

- 사적 용무 지시(예: 사적 심부름 등 일상생활과 관련된 일을 반복적으로 지시한 사례. 자신의 권위를 활용해 직장 업무 외에 개인 업무를 지시한 사례. 직장 업무 외에 개인적으로 처리해야 할 단순 노동 업무를 지시한 사례)
- SNS, 모바일메신저를 통한 괴롭힘(예: 온라인상에서 모욕감을 주는 언행을 한 사례. 퇴근 이후 주말, 저녁 시간 때 술에 취해 단체 채팅방에 하소연하며 윽박지른 사례. 단체 채팅방에서 답장하지 않는 직원들에게 화풀이한 사례. 모바일메신저를 통해 직원들에게 정신적 고통을 유발한 사례)

직장 내 괴롭힘 조사 절차

직장 내 괴롭힘 조사는 피해자를 보호하고 공정한 조치를 위해 체계적으로 이루어져야 합니다. 아래는 일반적으로 권장되는 조사 절차입니다.

- 신고 및 인지

  : 피해자 본인의 신고, 목격자 등 제3자의 신고, 익명제보 · 언론 · 풍문 등에 의한 사용자의 인지
- 초기 검토

  : 신고인 및 피해자 상담(1차)을 통한 사건 개요 및 피해자 요구 파악, 피해자 요구를 바탕으로 1차적인 해결방식 결정
- 조사

  : 객관성과 공정성을 확보하기 위해 독립적인 조사팀 구성, 필요 시

 　　　　　　　　　　　　　　　중소기업을 위한 법률, 회계가이드

외부 전문가 또는 법률 자문 참여시킴

: 피해자 면담(심리적 안정 보장 및 보호 조치 마련), 가해자 진술 청
취 및 반론 기회 제공, 참고인(동료 등) 면담을 통한 사실 확인, 증거
수집 및 분석(진술 간 일관성 및 객관적 사실 비교)

: 조사 결과 보고서 작성

- 결과 통보 및 조치, 대응

: 피해자와 가해자에게 조사 결과 통보, 괴롭힘이 인정될 경우 징계,
경고 등 적절한 조치 시행, 피해자 보호 조치 마련(심리 상담, 업무
환경 개선 등)

- 사후 관리

: 합의사항 이행 여부 및 피해자에 대한 후속적인 괴롭힘 피해 여부
등 모니터링, 재발 방지 교육 및 개선 대책 마련, 조사 결과에 따른
조직 문화 점검

사업주의 의무 사항과 조치 미이행 시 페널티

근로기준법에 정해진 직장 내 괴롭힘 관련 사업주의 의무를 미이행할
경우 사업주는 과태료 또는 형사처벌을 받을 수 있습니다. 따라서 아래
말씀드리는 5가지 단계를 모두 이행하여, 피해를 보는 일이 없도록 조치
하는 것이 좋습니다.

- 신고접수, 인지 시 지체 없이 객관적 조사 실시
: 위반 시 500만 원 이하 과태료

- 조사기간 동안 피해근로자 등 보호 조치
- 괴롭힘이 확인된 경우 피해자 보호 조치 및 행위자 징계 등 조치

    : 위반 시 500만 원 이하 과태료
- 조사 과정에서 알게 된 비밀 누설 금지

    : 위반 시 500만 원 이하 과태료
- 신고자 또는 피해근로자 등 불리한 처우 금지

    : 3년 이하 징역 또는 3천만 원 이하 벌금

김민진 변호사

김 민 진 변호사

법률사무소 플랜 대표변호사
서울대학교 동물생명공학과 졸업
www.plan-law.com
mj@plan-law.com

법률사무소 플랜 대표변호사(2016-현재)

- 서울대학교 동물생명공학과 졸업

- 제50회 사법시험 합격, 사법연수원 41기

- 법무법인(유) 세한, 법무법인(유) 한결(판교) 변호사

- 한국게임정책자율기구(GSOK) 이사(現)

- 게임콘텐츠등급분류위원회(GCRB) 심의위원(4기)

- 법무부 스타트업 법무교육 플랫폼 STARTLAW TF 자문위원(前)

- 한국콘텐츠진흥원 CKL 기업지원센터 자문변호사, 해외수출지원센터 법률지원단

- 서울 핀테크랩 법률지원 파트너즈

- 한국저작권보호원 공정사용과 침해예방 지원단

- 법무부9988 중소기업법률지원단 자문변호사, 중소기업 기술보호 법무지원단

- 2017년 및 2023년 법무부 장관상 표창(중소기업법률지원유공표창)

주요 업무분야는 IT, Venture, Contents 기업의 법률자문 및 소송, 시리즈별 M&A 자문, 특허, 저작권 등 지식재산권 침해 및 직무발명 등이며, 특히 미국 실리콘밸리의 변호사들에게서 영감을 받아 판교 테크노밸리에서 시작하여 현재는 CKL 기업지원센터에서 스타트업 지원 및 강연 활동을 활발히 수행하고 있습니다(강연 100회 이상).

기업을 운영하거나 스타트업을 창업하며 맞닥뜨리는 다양한 법률 이슈는 겉보기에는 복잡하고 멀게만 느껴지지만, 어느 순간 예고 없이 눈앞의 현실로 닥쳐옵니다. 이 책은 제가 10여 년간 현장에서 자주 접해 온 실제 분쟁 유형과 자문 사례들을 바탕으로 보다 실질적인 이해를 돕고자 구성하였으며, 단순히 법률을 해석하거나 소송을 이기는 방법이 아닌 어디에서도 찾아볼 수 없는, 실전에서 활용할 수 있는 노하우를 담기 위해 노력했습니다.

대한민국 미래 먹거리의 중심인 우리 중소기업과 스타트업에게 소중한 단비 같은 이야기가 되기를 바랍니다.

〈사례〉

"제가 어느 날 평소처럼 오픈마켓에 들어가서 쇼핑을 하려하는데, 들어가자마자 팝업창이 뜨면서 '치킨 한 마리 쿠폰을 쏩니다!'라고 저를 유혹하는 것입니다. 간단히 이름과 휴대전화번호만 입력하면 치킨 한 마리가 공짜라고 하니, 차마 거절하기 쉽지 않았습니다. 이거 괜찮은 것일까요?"

갑자기 화면에 무료 치킨 쿠폰이 뜬다면, 당신은 망설임 없이 개인정보를 입력하시겠습니까? A씨는 쿠폰을 받기 위해 별다른 고민 없이 이름과 휴대전화번호를 입력했습니다. 그런데 며칠 뒤, 정체 모를 번호로 스팸 전화가 계속 걸려 오기 시작합니다.

개인정보란? 개인정보 수집이란?

'개인정보'란 살아 있는 개인에 대한 정보로서 다음 중 어느 하나에 해당하는 정보를 의미합니다.

개인정보보호법 제2조 제1호, 제1호의 2(2020. 8. 5. 개정)

가. 성명, 주민등록번호 및 영상 등을 통하여 개인을 알아볼 수 있는 정보

나. 해당 정보만으로는 특정 개인을 알아볼 수 없더라도 다른 정보와 쉽게 결합하여 알아볼 수 있는 정보. 이 경우 쉽게 결합할 수 있는지 여부는 다른 정보의 입수 가능성 등 개인을 알아보는 데 소요되는 시간, 비용, 기술 등을 합리적으로 고려하여야 한다.

다. 가목 또는 나목을 제1호의2에 따라 가명처리함으로써 원래의 상태로 복원하기 위한 추가 정보의 사용·결합 없이는 특정 개인을 알아볼 수 없는 정보(이하 "가명정보"라 한다)

1호의2. "가명처리"란 개인정보의 일부를 삭제하거나 일부 또는 전부를 대체하는 등의 방법으로 추가 정보가 없이는 특정 개인을 알아볼 수 없도록 처리하는 것을 말한다.

이상에서 살펴보는 바와 같이, '개인정보'의 핵심은 해당 정보를 통해, 또는 해당 정보와 다른 정보를 결합하여 쉽게 특정 개인을 알아볼 수 있느냐 여부입니다. 어떠한 정보를 결합해도 한 개인을 특정할 수 없다면 그것은 개인정보 보호법이 보호하는 개인정보에 해당하지 않습니다.

이해를 돕기 위한 사례로, 경찰공무원인 A가 피해자 B의 신고에 따라 피고인 C 등의 범죄 현장을 단속한 다음 훈방조치를 하였는데, 그 후 피고인 C로부터 신고자이자 피해자인 B의 연락처를 알려 달라는 부탁을 받고 **'B의 휴대전화번호 뒷자리 4자'**를 알려 준 사안에서 법원은 "휴대전화 사용이 보편화되면서 휴대전화번호 뒷자리 4자에 전화번호 사용자의 정체

성이 담기는 현상이 심화되고 있어 휴대전화번호 뒷자리 4자만으로도 전화번호 사용자가 누구인지 식별할 수 있는 점 등을 종합"하여 '휴대전화번호 뒷자리 4자는 개인정보 보호법상의 '개인정보'에 해당한다고 판시하여 A에게 유죄를 선고한 바 있습니다(대전지방법원 논산지원 2013. 8. 9. 선고 2013고단17 판결 중).

개인정보 보호법에 따르면 개인정보를 수집할 경우 다음과 같은 요건을 충족해야 합니다.

개인정보의 수집 요건	개인정보 수집에 대한 동의를 받을 시 필수 고지 사항
1. 정보주체의 동의를 받은 경우 2. 법률에 특별한 규정이 있거나 법령상 의무를 준수하기 위하여 불가피한 경우 3. 공공기관이 법령 등에서 정하는 소관 업무의 수행을 위하여 불가피한 경우 4. 정보주체와 체결한 계약을 이행하거나 계약을 체결하는 과정에서 정보주체의 요청에 따른 조치를 이행하기 위하여 필요한 경우 5. 명백히 정보주체 또는 제3자의 급박한 생명, 신체, 재산의 이익을 위하여 필요하다고 인정되는 경우	1. 개인정보의 수집·이용 목적 2. 수집하려는 개인정보의 항목 3. 개인정보의 보유 및 이용 기간 4. 동의를 거부할 권리가 있다는 사실 및 동의 거부에 따른 불이익이 있는 경우에는 그 불이익의 내용

6. 개인정보처리자의 정당한 이익을 달성하기 위하여 필요한 경우로서 명백하게 정보주체의 권리보다 우선하는 경우. 이 경우 개인정보처리자의 정당한 이익과 상당한 관련이 있고 합리적인 범위를 초과하지 아니하는 경우에 한한다. 7. 공중위생 등 공공의 안전과 안녕을 위하여 긴급히 필요한 경우	

* 개인정보 보호법 제15조 제1항, 제2항

요약하면, 개인정보를 수집할 시에는 예외적인 상황이 아닌 한 반드시 정보주체의 동의를 받아야 하며, 정보주체에게 개인정보 수집의 목적, 항목, 이용기간, 거부 시의 불이익을 고지해야 한다는 것입니다.

이렇듯 개인정보를 통해 많은 일들을 할 수 있는 현대사회에서 개인정보의 중요성이 날로 높아지면서 이러한 개인정보 보호법상 요건을 준수해야 할 필요성도 점차 증가하고 있습니다.

개인정보 제3자 제공은 매우 민감한 문제

일단 수집한 개인정보는 동의를 구할 시 고지한 목적에 따라 미리 고지한 이용 기간 내에서 활용해야 하며, 동의를 구할 시에는 반드시 필수 고

지사항을 미리 알려야 합니다.

개인정보 제3자 제공의 요건	개인정보 제3자 제공에 대한 동의를 받을 시 필수 고지 사항
1. 정보주체의 동의를 받은 경우 2. 제15조 제1항 제2호, 제3호 및 제5호부터 제7호까지에 따라 개인정보를 수집한 목적 범위에서 개인정보를 제공하는 경우	1. 개인정보를 제공받는 자 2. 개인정보를 제공받는 자의 개인정보 이용 목적 3. 제공하는 개인정보의 항목 4. 개인정보를 제공받는 자의 개인정보 보유 및 이용 기간 5. 동의를 거부할 권리가 있다는 사실 및 동의 거부에 따른 불이익이 있는 경우에는 그 불이익의 내용

* 개인정보 보호법 제17조 제1항, 제2항

여기서 많은 분들이 오해하시는 부분은, (1) 개인정보의 수집·이용을 위해 동의를 받았으니 제3자 제공을 위한 동의를 받지 않아도 된다거나, (2) 개인정보의 수집·이용을 위한 동의와 제3자 제공을 위한 동의를 한 번에 받아도 된다고 생각하는 것입니다.

개인정보 수집 동의와 제3자 제공 동의는 별개이며, 반드시 각각 동의를 받아야 합니다. 이는 개인정보의 수집·이용을 위한 동의와 제3자 제공을 위한 동의를 혼동하여 개인정보주체가 그 의미를 잘 알지 못하고 한 번에 동의를 할 위험이 있기 때문에 엄격히 정하는 것이라 생각됩니다.

중소기업을 위한 법률, 회계가이드

무료 치킨을 쏜다고 해도 다시 한 번 생각해야 합니다.

실제로 스타트업의 사업모델과 관련하여 법률상담을 진행하다 보면, 이러한 개인정보 보호법에 대해 제대로 알지 못한 채 사업모델을 설계하는 경우를 많이 볼 수 있습니다. 개인정보를 수집할 때 동의를 받고, 제3의 기업에게 이렇게 수집한 정보를 공유하여 다음 스테이지로 넘어가는 과정이 존재함에도 불구하고 고객에게 개인정보 제3자 제공에 대한 동의를 받지 않는 경우라든가, 개인정보 수집·이용 동의와 제3자 제공 동의를 하나의 동의 칸에서 한 번만 체크하게 하는 경우입니다.

그렇다면 개인정보 제3자 제공은 왜 이렇게 법률에서 엄격하게 정하는 것일까요?

많이 알려져 있듯이 현대 사회는 개인정보를 이용하여 많은 일들을 할 수 있습니다. 해당 개인정보를 돈을 받고 매도하기도 하고, 보험이나 대출 등 금융권 마케팅에 무분별하게 사용하기도 합니다. 더 심한 경우는 보이스피싱 같은 형사범죄의 타겟이 되기도 하며, 휴대전화 번호로 휴대폰을 해킹하여 사생활을 폭로하겠다고 협박하는 등의 범죄가 일어나기도 하였습니다.

이 글을 읽으시는 여러분들은 어떤 온라인 사이트에서 회원가입을 하거나 어플을 사용할 때 사전에 개인정보 수집·이용 동의에 체크하면서 기계적으로 개인정보 제3자 제공 동의에 체크하지 마시고, 반드시 어떤 목적으로 어디에 내 정보를 제공한다는 것인지 정확히 확인하신 후 체크할지 여부를 결정하시기 바랍니다.

치킨 한 마리가 정말 내 개인정보의 가치를 대신할 수 있을까요? 한 번 더 신중하게 생각해 보시기 바랍니다.

갈수록 커지는 개인정보의 가치, 데이터가 자산이 되는 시대

언제부터인가 스타트업의 사업모델에 대해 상담하면서 가장 흔히 나오는 레퍼토리는 스타트업이 만든 플랫폼을 통해서 수집되는 개인정보, 사용기록 등 다양한 빅데이터를 바탕으로 다음 단계에서 새로운 사업으로 수익을 창출하겠다는 것이었습니다. 물론 개개인을 알아챌 수 있는 정보라는 의미에서의 개인정보와는 다른 취지이지만, 그만큼 '정보' 자체가 직접적으로 기업의 사업모델이 되는 시대가 도래했다는 것을 여러분도 이미 느끼고 계셨을 것입니다.

이제 습관적으로 체크했던 개인정보 수집·이용 동의 칸을 클릭하기 전에, 개인정보 제3자 제공 동의 칸을 클릭하기 전에, 다시 한 번 수집의 목적이 무엇인지, 제3자 누구에게 제공하는 것인지 확인할 필요가 있습니다.

새로운 사업모델을 구상하는 스타트업 역시 개인정보 보호법에 어긋나는 부분이 없는지 하나하나 세심히 체크하는 것이 필수적이라 생각됩니다.

　　　　　　　　　　중소기업을 위한 법률, 회계가이드

〈사례〉

"유망한 스타트업 A. 제가 본 그 기업은, 모든 인원이 대기업 연구원 출신으로 특히 어디에서도 찾아볼 수 없는 핵심 기술을 갖고 있어 의심의 여지없이 미래가 촉망되는 기업이었습니다. 그런데…

어느 날 저를 찾아온 A기업 CEO는 매우 낙심한 얼굴이었습니다.

'처음에 B를 알게 되었을 때는 그저 우리 회사에 도움을 줄 수 있는 사람인 줄 알았습니다. 대기업 출신으로 B의 인맥을 통해 우리 제품을 알릴 수 있는 기회가 될 수 있겠다 싶기도 하여 소개받은 날부터 밥도 먹고 술도 함께 마시며 친분을 쌓아 갔습니다.

그러던 중 어느 날, B는 저에게 갑작스럽게 전화하여 우리 기술의 핵심 소스코드를 메일로 보내 달라고 했습니다. 지금 대기업 관계자가 와 있으니, 그 대기업과의 협업이 가능할지 기술 검증이 필요하다는 것입니다. 그동안 쌓아 온 친분을 고려해서 별 생각 없이 B에게 메일로 소스코드를 보내드렸는데요, 이상하게 그 이후 연락이 없었습니다.

한 달쯤 지난 후 B가 우리 기술을 그대로 활용하여 미국에서 자기가 만든 스타트업의 신제품을 출시한다는 이야기를 들었습니다. 어떻게

특허 침해? 영업비밀 침해?

특허권, 실용신안권, 디자인권, 상표권이 어떤 권리라고 생각하시나요? 이른바 '산업재산권'이라고 칭하는 위 권리들은 국가에 신청(출원)을 하여 심사를 거쳐서 법에 의해 인정받으면 등록되어 비로소 인정받는 권리입니다.

그렇게 등록이 되면 권리의 내용과 권리자가 공개되므로 일반 대중 누구나 쉽게 확인할 수 있고, 또 권리 침해가 발생할 경우 법적 대응도 훨씬 용이합니다.

그렇다면 영업비밀은 어떠한가요? 부정경쟁방지 및 영업비밀에 관한 법률(이하 '부정경쟁방지법') 제2조 제2호는 '영업비밀이란 공공연히 알려져 있지 아니하고 독립된 경제적 가치를 가지는 것으로서, 비밀로 관리된 생산방법, 판매방법, 그 밖에 영업활동에 유용한 기술상 또는 경영상의 정보를 말한다'고 정하고 있습니다.

아울러 동법 제3조는 "영업비밀 침해행위"란, 이하의 여섯 가지 행위 태양을 말한다고 합니다.

부정경쟁방지 및 영업비밀보호에 관한 법률 제2조 3호

가. 절취(竊取), 기망(欺罔), 협박, 그 밖의 부정한 수단으로 영업비밀을 취득하는 행위(이하 "부정취득행위"라 한다) 또는 그 취득한 영업비밀을 사용하거나 공개(비밀을 유지하면서 특정인에게 알리는 것을 포함한다. 이하 같다)하는 행위

나. 영업비밀에 대하여 부정취득행위가 개입된 사실을 알거나 중대한 과실로 알지 못하고 그 영업비밀을 취득하는 행위 또는 그 취득한 영업비밀을 사용하거나 공개하는 행위

다. 영업비밀을 취득한 후에 그 영업비밀에 대하여 부정취득행위가 개입된 사실을 알거나 중대한 과실로 알지 못하고 그 영업비밀을 사용하거나 공개하는 행위

라. 계약관계 등에 따라 영업비밀을 비밀로서 유지하여야 할 의무가 있는 자가 부정한 이익을 얻거나 그 영업비밀의 보유자에게 손해를 입힐 목적으로 그 영업비밀을 사용하거나 공개하는 행위

마. 영업비밀이 라목에 따라 공개된 사실 또는 그러한 공개행위가 개입된 사실을 알거나 중대한 과실로 알지 못하고 그 영업비밀을 취득하는 행위 또는 그 취득한 영업비밀을 사용하거나 공개하는 행위

바. 영업비밀을 취득한 후에 그 영업비밀이 라목에 따라 공개된 사실 또는 그러한 공개행위가 개입된 사실을 알거나 중대한 과실로 알지 못하고 그 영업비밀을 사용하거나 공개하는 행위

즉, 어떤 회사의 영업비밀이 위 행위 태양으로 침해당할 경우 민사 소송으로 손해배상을 청구할 수 있을 뿐 아니라 형사처벌을 받게 할 수도 있다는 것입니다.

특허권 등 산업재산권이 그 구체적 내용까지 모두 공개되어 있는 것과는 달리 영업비밀의 경우 말 그대로 '비밀'인 정보를 의미하기 때문에 그 범위를 정의하기가 어렵고 실제로 법적 조치 과정에서 많은 부분을 스스로 입증해야 한다는 어려움이 있습니다.

이와 관련하여 대법원은 '영업비밀'의 요건으로 몇 가지 기준을 제시하고 있습니다.

영업비밀이 법적으로 보호받기 위해서는 다음 세 가지 요건이 충족되어야 합니다.

비공지성	공공연히 알려져 있지 아니한 것이어야 함. : 공개된 간행물 등에 게재되지 않고 비밀 상태이며, 보유자를 통하지 않고서는 입수할 수 없는 것을 의미. 단, 비밀유지의무자(보안서약서)에 대한 공개는 제외
경제적 유용성	기술상, 경영상 가치가 있어야 함. : 경쟁상의 이익을 얻을 수 있거나 또는 정보의 취득이나 개발을 위해 상당한 비용이나 노력이 필요한 경우를 의미
비밀 관리성	비밀로서 관리되어야 함. : 정보가 비밀이라고 인식될 수 있는 표시를 하거나 고지를 하고, 정보에 접근할 수 있는 대상자나 접근방법을 제한하고 비밀준수의무를 부과하는 등 객관적으로 정보가 비밀로 유지 및 관리되고 있다는 사실이 인식 가능한 상태를 의미

'영업비밀'로 인정받기 위한 법적 요건[18]

---

18) 영업비밀보호센터 https://www.tradesecret.or.kr/institution/requirement.do?gb=121

  중소기업을 위한 법률, 회계가이드

이상의 기준은 각 구체적 사안마다 세부사항에서 조금씩 다른 판단이 있을지라도 전반적으로 공통적으로 적용되는 것인바, 미리 확인하시고 회사 내 영업비밀 관리를 위해 준비해야 할 것입니다.

영업비밀이라고 모두 법원에서 인정받는 것이 아니다.

관련 사건을 진행하면서 가장 안타까운 순간은, 그동안 영업비밀로서 잘 유지해 왔다고 하더라도 이상에서 살펴본 세 가지 요건에 해당하지 않아 영업비밀 침해가 인정되지 않는 경우입니다. 특히 실무에서 가장 문제가 되는 것은 '**비밀 관리성**'입니다.

즉, 공공연히 알려져 있지 아니하고 경제적으로 유용성이 입증된다고 하더라도, 회사 내부에서 해당 정보에 대하여 비밀로서 관리하고 있었다는 일정한 표지가 있어야 한다는 의미입니다. 예를 들어, 해당 정보에 접근할 수 있는 내부 인원을 등급별로 제한한다든가, 별도의 비밀번호가 설정되어 있는 저장장치에 보관한다든가, 내부 직원들에게 사전에 보안유지(비밀유지)서약서를 받고 외부로의 유출을 엄격히 금지하고 있다는 등의 평상시 관리뿐만 아니라, 제3자에게 영업비밀을 공유할 때 사전에 NDA(Non-Disclosure Agreement, 비밀유지계약서)를 체결하거나 관련 보안유지 경고를 이메일 등에 포함시키거나 혹은 보내는 파일에 비밀번호를 설정하는 등 영업비밀을 침해당할 당시의 외부인에 대한 조치 역시 중요한 판단기준이 되는 것입니다.

실제로 많은 경우에 이 '비밀 관리성'을 입증하지 못하여 기소 단계에서 좌절되거나 법원에서 기각되는 것을 볼 수 있는데요, 이러한 부분은 수사 기관의 요청에 의하여 혹은 재판 중에 급하게 만들어 낼 수(?) 없는 것이 므로 미리미리 기업 내부의 보안시스템을 점검하고 임직원 교육을 통해 대비하여야 할 것입니다.

산업스파이는 실존합니다.

앞선 사례에서 그러면 어떻게 결론이 났을까요? 안타깝지만 형사고소 이후 압수수색을 하는 등 수사가 상당히 진행되었지만 결국 기소 단계까 지 가지 못하고 사건은 종결되었습니다.

A기업의 경우 해당 소스코드를 영업비밀로서 관리하고 있었지만, B에 게 소스코드를 보내는 그 순간이 문제였던 것입니다. 파일은 잠금장치가 되어 있지 않았고, 그렇다고 사전에 NDA를 체결한 것도 아니었고, 하다 못해 이메일 본문에 보안경고 문구조차 없었기에 검찰에서는 비밀관리성 요건을 충족하지 못한다고 하여 B에 대하여 증거불충분을 이유로 무혐의 처분하였습니다.

정말 안타까운 결론이지만, 믿었던 사람에게 배신당하고 실질적으로 피 해를 입은 A기업의 CEO는 사소하다고 생각했던 순간(이메일로 영업비밀 인 소스코드 파일을 첨부하여 보내는 순간)의 판단 때문에 더 이상 법적 구제를 이끌어 낼 수 없다는 결론을 쉽게 받아들이기 어려웠을 것입니다.

   중소기업을 위한 법률, 회계가이드

단 한 번의 방심이 기업의 미래를 위협할 수 있습니다. 철저한 사전 대비가 무엇보다 중요합니다.

"산업스파이는 실존합니다."

2024년을 기준으로, 지난 5년간 524건의 영업비밀 유출이 발생했으며, 그중 58건은 산업기술 관련 사례였습니다. 특히, 중소기업이 가장 큰 피해를 보고 있으며, 해외 유출 총 72건 중 47건이 중국으로 유출되었습니다.

[표1] 최근 5년간 산업기술 및 영업비밀 유출 현황[19]

(단위: 건, %)

연도	계 (건)	전년비 증감(%)	피해기업 규모		기술유형		유출자 유형	
			대기업	중소기업	산업기술	영업비밀 등	내부자	외부자
2019	112	-	8(7.1)	104(92.9)	6(5.4)	106(94.6)	77(68.8)	35(31.3)
2020	135	20.5	13(9.6)	122(90.4)	6(4.4)	129(95.6)	77(57.0)	58(43.0)
2021	89	-34.1	9(10.1)	80(89.9)	9(10.1)	80(89.9)	50(56.2)	39(43.8)
2022	104	16.9	16(15.4)	88(84.6)	11(10.6)	93(89.4)	94(90.4)	10(9.6)
2023	149	43.3	19(12.8)	130(87.2)	15(10.1)	134(89.9)	125(83.9)	24(16.1)
합계	589	-	65(11.0)	524(89.0)	47(8.0)	542(92.0)	423(71.8)	166(28.2)

(자료: 경찰청)

영업비밀 그 자체가 회사의 본체라고 할 만큼 중요한 역할을 하는 기업들이 많이 있습니다. 때로는 이들 기업들이 갖고 있는 중요한 기술정보 등이 국가의 명운을 좌우하는 중요 자산으로서 가치를 갖는 경우도 있습니다. 문제가 발생한 이후에 대처방법을 찾는 것도 중요하겠지만 사전에 철저한 보안점검 및 임직원 교육을 통하여 영업비밀에 대한 철저 관리를 하는 것이 반드시 필요하다고 생각됩니다.

---

19) 아주경제 2024. 9. 17. 자 기사 참조(https://www.ajunews.com/view/20240917115951079)

> 〈사례〉
>
> 어느 대학교수님이 방송출연 계약에 따라 60분간 방송하기로 한 프로그램을 위해 63분에 걸쳐 강연을 녹화하였습니다. 모든 녹화가 완료된 이후 방송사 측에서는 전체 63분의 녹화분량 중 23분에 해당하는 내용을 임의로 삭제하였고, 결국 40분 분량만을 방송하였습니다.
>
> 교수님은 방송을 보고 깜짝 놀랐습니다. 자신이 강조하고자 했던 내용이 상당 부분 삭제되었고 결국 본질적으로 매우 모호하고 왜곡된 형태로 소개되었기 때문입니다.
>
> 일명, '악마의 편집'이라 하는데요. 과연 방송사의 이러한 행위는 저작권 침해에 해당할까요?

저작권 개요

여러분은 '저작권'이라 하면 어떤 내용을 떠올리시나요? 일반적으로 저작권이라 하면, 특정 저작물을 복제하거나 배포하는 행위, 혹은 인터넷 게시판이나 블로그 등에 무단으로 게시하는 장면을 떠올리기 쉽습니다.

그러나 '저작권'에는 인격이 스며들어 있습니다. 무슨 이야기냐고요? '저작권'은 '저작인격권'과 '저작재산권'으로 이루어져 있습니다. 우리가 떠올리는 복제, 배포, 게시 등의 행위는 모두 '저작재산권'에 해당하는 것으로 물론 중요한 개념 중 하나인 '2차적저작물작성권' 역시 '저작재산권'에 해당합니다.

반면에 '저작인격권'은 동일성유지권, 성명표시권, 공표권으로 구성됩니다.

그중 성명표시권은 저작권자가 자신의 저작물에 저작권자의 성명을 표시할 수 있는 권리로 'Copyright 2024. John Doe, All rights reserves'의 형태로 표기되는 것을 많이 보셨을 것입니다. 물론 성명표시권에는 성명을 표시하지 않을 권리나 기호, 가명 등으로 표기할 권리도 포함되어 있으니 그야말로 저작권자가 원하는 대로 표기할 수 있는 것입니다.

공표권은 저작자가 자신의 저작물을 공개할지 여부를 결정할 수 있는 권리로, 본인의 동의 없이 저작물이 공개되었다면 이는 저작인격권 침해에 해당할 수 있습니다.

'저작재산권'과 '저작인격권'의 가장 큰 차이점은 '저작재산권'은 다른 사람에게 사용을 허락하거나(저작권 사용허락 계약) 양도(저작권 양도 계약)할 수 있는 반면, '저작인격권'은 저작권자 이외의 다른 사람에게 사용을 허락하거나 양도할 수 없다는 것입니다. 이는 통상적인 '인격'의 의미와도 맞닿아 있다고 볼 수 있는데요, 인격 자체를 다른 사람에게 이식하는 것은 공상과학영화에서나 상상할 수 있는 것일 테니까요.

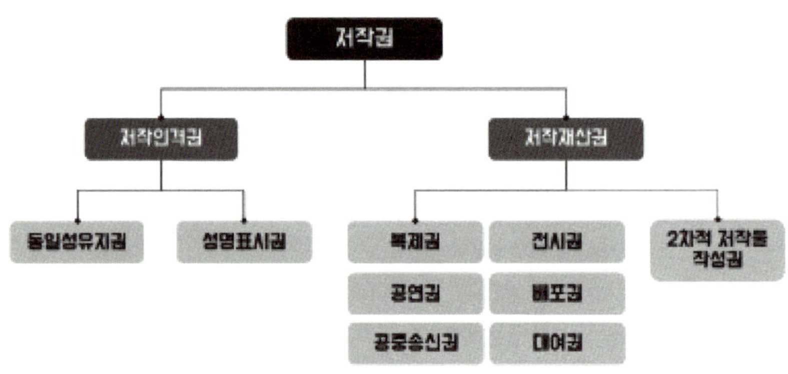

[저작인격권 중 동일성 유지권]

'저작인격권' 중 가장 중요한 요소 중 하나가 '동일성 유지권'입니다. '동일성 유지권'은 저작물의 원형을 보호하는 권리로, 저작권자가 자신의 저작물이 무단으로 변경되거나 왜곡, 훼손되는 것을 방지할 수 있도록 보장합니다. 이는 특히 저작권자의 창작 의도가 왜곡되지 않도록 하여 저작물의 본질적 가치와 저작권자의 명예를 보호합니다.

[저작권법 제13조]

제13조(동일성유지권) ① 저작자는 그의 저작물의 내용·형식 및 제호의 동일성을 유지할 권리를 가진다.

② 저작자는 다음 각 호의 어느 하나에 해당하는 변경에 대하여는 이의(異議)할 수 없다. 다만, 본질적인 내용의 변경은 그러하지 아니하다.

중소기업을 위한 법률, 회계가이드

1. 제25조의 규정에 따라 저작물을 이용하는 경우에 학교교육 목적을 위하여 부득이하다고 인정되는 범위 안에서의 표현의 변경
2. 건축물의 증축·개축 그 밖의 변형
3. 특정한 컴퓨터 외에는 이용할 수 없는 프로그램을 다른 컴퓨터에 이용할 수 있도록 하기 위하여 필요한 범위에서의 변경
4. 프로그램을 특정한 컴퓨터에 보다 효과적으로 이용할 수 있도록 하기 위하여 필요한 범위에서의 변경
5. 그 밖에 저작물의 성질이나 그 이용의 목적 및 형태 등에 비추어 부득이하다고 인정되는 범위 안에서의 변경

'동일성 유지권'은 저작물의 왜곡이나 훼손뿐만 아니라 무단으로 개작하거나 수정하는 행위 역시 금지하며, 공익을 위한 예외적인 경우를 제외하고는 원작자의 동의 없이 변경할 수 없습니다. 동의 없이 변경할 경우에는 저작권 침해, 정확히는 '저작인격권'의 침해를 구성하게 됩니다.

'동일성 유지권'에 대한 대표적 케이스가 재미있는데요, 잠시 살펴보겠습니다.

"Snow vs. The Eaton Centre Ltd. (1982)"는 캐나다의 저작권법에서 동일성 유지권(moral rights)과 관련하여 중요한 선례가 된 사건으로 '동일성 유지권'을 이야기할 때 많이 회자되는 판례입니다.

간단히 내용을 살펴보자면, 우선 'Snow'는 우리가 아는 하얀 눈을 의미

하는 것이 아니라 Michael Snow라는 캐나다의 저명한 조각가의 성(姓)입니다. 'Eaton Centre Ltd.'는 캐나다 토론토에 위치한 쇼핑몰 회사의 이름으로, 작가와 쇼핑몰이 법정에서 서로 싸웠다는 것을 알 수 있습니다.

Eaton Centre 쇼핑몰은 Michael Snow 작가에게 쇼핑몰 천장에 설치할 조각 작품을 제작해 줄 것을 의뢰하였고, 그렇게 하여 탄생한 작품이 바로 사진 속의 거위 조각입니다. 이 작품의 제목은 *Flight Stop'(1979)*으로 그 크기도 32 × 20 × 16m에 달하며, 총 60마리의 거위가 날아오르는 장면의 한순간을 표현한 것이라 합니다. 작가의 표현에 따르면 거위들이 날아오르다가 얼어붙은 것이라 하는데요, 현재까지도 토론토의 상징적인 공공미술작품으로 남아 있습니다.

"Toronto Eaton Centre - Flight Stop" by Wladyslaw, licensed under CC BY-SA 3.0

중소기업을 위한 법률, 회계가이드

문제는 Eaton Centre 쇼핑몰에서 크리스마스 시즌 동안 특별한 장식으로 거위들의 목에 빨간 리본을 달아 주려 하면서 발생했습니다. 우리가 상상하기에 거위의 목에 리본이 있으면 더 아름다울 것 같지만, 작가의 생각은 그렇지 않았습니다. Michael Snow는 자신이 만든 'Flight Stop' 작품은 날아오르는 야생의 거위를 표현한 것이지, 빨간 리본을 매고 있는 거위를 표현한 것이 아니라는 이유로 자신의 작품이 왜곡되었다며 소송을 제기한 것입니다.

이에 대하여 캐나다 온타리오 고등법원은 Michael Snow의 손을 들어주며 다음과 같이 판결했습니다.

Snow vs. The Eaton Centre Ltd. (1982)

1. 동일성 유지권의 침해 인정

- 빨간 리본 장식은 작가의 의도와 무관하게 작품을 변경한 행위로, Snow의 동일성 유지권을 침해했다고 판단함.
- 법원은 특히 리본 장식이 작품의 예술적 가치를 저하시킬 가능성이 있다는 점을 인정함.

2. 작가의 명예 보호

- 리본 장식은 작가의 명성을 훼손할 우려가 있다고 인정함.

3. 결론

- 거위의 빨간 리본을 제거하라 명령함.

이 사건은 일종의 예술과 상업적 이익의 충돌이라고 볼 수도 있는데요,

실질적으로 동일성 유지권이 어떤 식으로 보호되는지에 대해 잘 보여 주는 판결이라는 데 의미가 있습니다.

그렇다면, 악마의 편집을 주장한 교수님은 보호 받을 수 있을까?

앞서 살펴본 사례를 적용해 보면, 강연 영상 중 23분가량을 삭제하여 교수님이 애초에 의도한 바가 제대로 반영되지 못하도록 한 이른바 '악마의 편집'은 강연자의 저작인격권 중 동일성 유지권 침해에 해당할 수 있습니다. 이와 관련하여 법원은 다음과 같이 판시하여 교수님의 손을 들어주었습니다.

서울고등법원 1994. 9. 27. 선고 92나35846 제9민사부 판결

"방송출연계약에 따라 60분간 방송하기로 한 프로그램을 위해 63분에 걸쳐 강연을 녹화하였으나 강연자가 연술한 내용 중 23분에 해당하는 중요 부분의 내용을 방송사가 임의로 삭제·수정하여 40분간 방송하였다면 방송사는 강연자와의 그 출연계약을 적극적으로 침해함과 동시에 강연자의 저작인격권(동일성유지권)을 침해한 것이므로 방송사는 그 고의에 의한 불완전이행이나 불법행위로 인하여 강연자가 입은 손해를 전보할 의무가 있다."(판결 요지 중)

본 판례에서 방송사는 방송의 자유, 즉 '편성권'을 주장했는데요. 법원은 '그러한 편성권 역시 출연계약에 특별히 약정한 바가 없다면 계약의 내용에 따라 제작하고 방송할 의무를 부담할 뿐이지, 제3자인 출연자의 저작

        중소기업을 위한 법률, 회계가이드

권을 임의로 침해할 수 있는 근거가 될 수는 없다'고 판시하며, 저작인격권이 침해되었다는 판결 내용을 방송으로 고지하라고 명령하였습니다.

저작권자의 인격을 존중하자

이상에서 살펴본 바와 같이, 저작권 중 우리가 흔히 알고 있는 저작재산권뿐만 아니라 저작인격권도 중요한 보호 대상으로 주목받고 있습니다. 영화나 드라마의 크레딧, 미술작품의 서명 등은 저작인격권의 일환이며, 동일성 유지권은 작품의 본질을 보호하는 핵심 요소입니다.

동일성 유지권의 경우, Snow 케이스에서도 보듯 저작물에 대한 사소한 변경이라도 작가의 저작인격권을 침해할 수 있다는 것인데요. 23분 분량의 악마의 편집을 당한 교수님의 사례는 저작물의 형태는 다르지만 Snow 케이스와 본질적으로 같다고 볼 수 있습니다.

저작권을 존중하는 것은 단순히 저작물을 무단으로 사용하지 않는 것을 넘어, 저작물의 동일성을 유지해야 할 의무까지 포함한다는 점을 잊지 말아야 할 것입니다.

〈사례 1〉

"눈에 넣어도 아프지 않을 딸이 너무나 예쁘게 가수의 노래를 따라 불러요."

아버지는 딸이 특정 가수의 노래를 부르는 장면을 촬영하여 포털 사이트에 업로드하였고, 얼마 안 되어 수백만의 조회 수를 기록하는 등 인기를 끌게 되었습니다.

사단법인 한국음악저작권협회는 저작권침해를 이유로 이를 게시한 포털 측에 복제, 전송의 중단을 요구하였고, 영상은 게시가 중단되었습니다. 그러자 딸의 영상을 게재했던 아버지는 영상 게시 중단의 부당함을 호소하며 소송을 제기하였습니다.

〈사례 2〉

"와, 저 영화에 저 배우가 나왔었다고? 진짜야?"

한 때 어떤 상황을 제시하며, 이게 진짜인지, 가짜인지를 알아보는 예능 프로가 있었습니다. 해당 예능프로에서는 흥미로운 주제가 많이 방영되었는데요. 그중 괴수 용가리와 관련한 이슈가 있었습니다. 왜 괴수 용가리냐고요? 그 영화에 시트콤과 드라마 등에서 최고의 인기를 구가하던 배우가 출연했었는지가 관건이었습니다.

도대체 어디까지 쓸 수 있는 거야? - 공표된 저작물의 인용

유튜브 영상 등에서 공표된 저작물을 인용하는 경우가 많아지면서, 어디까지 허용되는지에 대한 논란이 커지고 있습니다. 여러 영상제작물에서 기존의 영화, 드라마 장면을 사용하거나 뉴스 영상을 인용하는 등 다양한 사례가 존재하는데, 이는 저작권 침해일까요? 허용되는 범위일까요?

이와 관련하여 우리 저작권법은 어떻게 정하고 있을까요? 먼저 저작권법의 관련 조항을 살펴보겠습니다.

> **저작권법** [시행 2024. 8. 28.] [법률 제20358호, 2024. 2. 27., 일부개정]
> **제28조(공표된 저작물의 인용)** 공표된 저작물은 보도·비평·교육·연구 등을 위하여는 정당한 범위 안에서 공정한 관행에 합치되게 이를 인용할 수 있다.

저작권법 제28조는 공표된 저작물의 인용과 관련하여, '공표된 저작물은 보도, 비평, 교육, 연구 등을 위하여는 정당한 범위 안에서 공정한 관행에 합치되게 이를 인용할 수 있다'고 정하고 있습니다.

법 조문을 풀어서 살펴보면, 우선 (1) 이미 공표된 저작물이어야 하니 아직 공표되지 않은 저작물의 경우 비록 공표가 예정된 저작물이라고 하여도 해당이 없습니다. (2) 인용의 목적이, '보도, 비평, 교육, 연구 등'이라는 점을 주목해야 합니다. 이하에서도 살펴보겠지만, 본 조항의 특징은 공표된 저작물의 인용에 있어서 어느 정도 목적적인 제한을 두었다는 점입니다. 어떠한 경우가 위 목적에 해당할지는 각 사안마다 살펴보아야 하겠지만, 아무리 '등'이라고 하여 범위를 넓히는 듯하여도 기본적으로 그 목적이 상업적인 경우는 배제하고자 하는 의도라고 해석할 수 있을 것으로 보입니다. (3) '정당한 범위 안에서'라고 하여 아무리 공표된 저작물의 인용이라고 하더라도 그 인용이 '정당한 범위 안'이어야 한다고 하여 목적이 정당하더라도 그 인용 방법이나 인용 분량 등이 '정당한 범위 안'으로 제한된다고 하는 한계를 정하고 있습니다. (4) 끝으로 '공정한 관행에 합치되게' 이를 인용할 수 있다고 정하여, 그 인용의 방식이 불공정하여 공정한 관행에 어긋나는 정도가 되어서는 아니 된다는 점 역시 명확히 하고 있습니다.

법 조문의 구성만 보더라도, 아무래도 저작권자의 동의 없는 저작물의 인용을 법의 테두리 안에서 허용하려다 보니 많은 제한 사항이 있는 것을 알 수 있습니다. 통상 법 조문은 가장 압축적으로 규정하고자 하는 사항을 표현하는 것이다 보니 결국 실제로 법원에서 구체적인 케이스를 어떻게 다루는지 살펴보는 것이 추상적인 법조문을 이해하는 가장 정확한 길이 될 것입니다. 이하에서는 대표적인 두 가지 케이스를 살펴보면서 법원이 바라보는 공표된 저작물의 인용요건에 대해 정리하도록 하겠습니다.

　　중소기업을 위한 법률, 회계가이드

우리 법원은 어떻게 바라보고 있을까?

#1. 첫 번째 케이스는 이른바 '손담비 노래 사건'으로 5살 딸아이가 손담비의 '미쳤어' 노래를 귀엽게 따라 부르며 춤추는 것을 아버지가 촬영하여 블로그에 게시한 사건입니다.

이와 관련하여 사단법인 한국음악저작권협회는 저작권침해를 이유로 이를 게시한 네이버 측에 복제, 전송의 중단을 요구하였고, 이에 반발한 블로그 게시자(노래한 아이의 아버지)가 해당 게시물이 저작권을 침해하지 않았다는 것에 대한 확인을 구하는 소를 제기하면서 법원의 결정을 구한 것입니다.

결론은 어땠을까요?

법원은 아이 아버지의 손을 들어주었습니다. 노래 부르는 아이가 너무 귀여워서일까요? 중요 쟁점에 대한 구체적인 법원의 판단은 다음과 같습니다.

[서울고등법원 2010. 10. 13. 선고 2010나35260판결 중]

주요 쟁점	판단
영리적 목적	이 사건 동영상의 제작 및 전송 경위에 비추어 이 사건 동영상이 영리를 목적으로 제작되거나 전송된 것은 아니라고 보이는 점

인용의 양	이 사건 저작물의 양은 전체 74마디 중 7~8마디에 불과하므로 인용의 목적에 비추어 필요한 최소한도의 인용으로 보이는 점
시장 수요 대체, 저작물 가치 훼손 여부	일반 공중의 관념에 비추어 이 사건 동영상이 이 사건 저작물이 주는 감흥을 그대로 전달한다거나 이 사건 저작물에 대한 시장의 수요를 대체한다거나 또는 이 사건 저작물의 가치를 훼손한다고 보기는 어려운 점
출처 표시 여부	이 사건 동영상이 포함된 이 사건 게시물에도 이 사건 저작물의 실연자를 언급함으로써 합리적인 방법으로 이 사건 저작물의 출처를 명시하고 있는 점
결론	**허용되는 공표된 저작물의 인용 ○**

모든 사건에 같은 기준이 통용된다고 보기는 어렵겠지만, 본 사건에서 법원은 (1) 해당 동영상의 제작이 '영리적 목적'으로 이루어진 것인지 여부, (2) 동영상에서 인용한 저작물의 양이 어느 정도인지(최소한도의 인용인지), (3) 인용으로 인하여 원 저작물의 가치를 훼손하거나 시장 수요를 대체하는지 여부, (4) 원저작물의 출처를 표시하였는지 여부를 기준으로, 아이 아빠의 동영상 촬영 및 게시가 공표된 저작물의 인용에 해당하여 저작권 침해에 해당하지 않는다고 판단하였습니다.

#2. 두 번째 케이스는 이른바 '괴수용가리 사건'으로 방송사의 오락 프로그램에서 저작권자의 허락 없이 무단으로 영화의 일부 장면을 약 3분간 인용하여 방송한 사안입니다. 이와 관련하여 영화에 대한 저작권자 측은

중소기업을 위한 법률, 회계가이드

해당 방송사를 상대로 저작권 침해를 이유로 손해배상청구 소송을 제기하였습니다.

법원의 판단은 어땠을까요?

법원은 영화 저작권자 측의 손을 들어주었습니다. 방송의 어떠한 부분이 공정 이용의 요건에 해당하지 않는다고 판단된 것일까요? 중요쟁점에 대한 구체적인 법원의 판단은 다음과 같습니다.

"구 저작권법 제28조는 공표된 저작물은 보도·비평·교육·연구 등을 위하여는 정당한 범위 안에서 공정한 관행에 합치되게 이를 인용할 수 있다고 규정하고 있는 바, 정당한 범위 안에서 공정한 관행에 합치되게 인용한 것인가의 여부는 **인용의 목적, 저작물의 성질, 인용된 내용과 분량, 피인용저작물을 수록한 방법과 형태, 독자의 일반적 관념, 원저작물에 대한 수요를 대체하는지 여부 등을 종합적으로 고려하여 판단**하여야 할 것이고, 이 경우 **반드시 비영리적인 목적을 위한 이용만이 인정될 수 있는 것은 아니라 할 것이지만, 영리적인 목적을 위한 이용은 비영리적 목적을 위한 이용의 경우에 비하여 자유이용이 허용되는 범위가 상당히 좁아진다**(대법원 1997. 11. 25. 선고 97도2227 판결 등 참조)"

[서울남부지방법원 2008. 6. 5. 선고 2007가합18479 판결]

주요 쟁점	판단
영리적 목적	· 이 사건 프로그램에서 이 사건 영화를 일부 인용한 것이 시청자들에게 정보와 재미를 주기 위한 목적이었다고 하더라도 그 이용의 성격은 상업적·영리적인 점 · 피고 방송사가 자신의 인터넷 홈페이지를 통하여 유료로 이 사건 프로그램을 방송한 점
저작권자 동의 관련	피고들이 원고로부터 이 사건 영화의 인용에 대한 동의를 받는 것이 어렵지 아니하였던 점
결론	**허용되는 공표된 저작물의 인용 ×**

첫 번째 케이스보다는 주요 쟁점이 적지만 오히려 명확하게 볼 수 있는 것은 '영리적 목적'이 명확할 경우 법원은 저작권법상 허용되는 '공표된 저작물의 인용', 즉 'Fair Use'에 해당하지 않는다고 판단할 확률이 다소 높다는 것입니다.

다른 종합적인 고려가 함께 들어가지만, 영리적 목적이 확실히 드러나는 상황이라면 법원의 판단을 예측하기 훨씬 쉬워진다는 뜻이라 볼 수 있겠지요. 앞선 케이스에서 가장 먼저 영리적 목적을 판단하여 부인한 후, 나머지 요건들을 하나하나 판단한 것을 보아도 결국 영리적 목적이 우선적 판단요건이라고 추측할 수 있을 것입니다.

중소기업을 위한 법률, 회계가이드

다양한 미디어가 등장하는 시대의 공정한 저작물 이용

저작권 관련한 상담을 하다 보면, 유수의 콘텐츠 제작자들이 공통적으로 어떤 저작물을 인용할 수 있을지 판단하기 어려워하는 경우가 많습니다. 이상에서 말씀드린 두 가지 케이스는 하나의 예일 뿐이지만, 여러분들이 저작물의 인용에 대하여 스스로 판단할 수 있는 중요한 기준을 제시한다고 생각됩니다.

특히 다양한 콘텐츠의 형태가 등장하는 현대 사회에서 저작권 관련 이슈는 앞으로도 점점 더 세분화되고 판단이 어려워질 텐데요, 그럼에도 저작권 존중을 위하여 기존 판례를 토대로 신중한 판단이 필요하다는 말씀을 강조하여 드리고 싶습니다.

공표된 저작물을 인용할 때는 꼭 다음의 유의사항을 기억하시기 바랍니다.

1. 목적을 명확히 할 것 → 보도·비평·교육·연구 목적이 아니거나 그러한 목적이 포함되어 있더라도 영리적 목적이 보다 주된 경우라면 신중해야 함.
2. 사용량을 최소화할 것 → 원 저작물의 핵심을 차용하면 저작권 침해가 될 가능성이 높음.
3. 출처를 반드시 명시할 것 → 저작권자의 권리를 존중해야 함.

창작자의 권리를 존중하는 것, 스스로도 결국 창작자로서 그 수혜자가 될 것이라는 점을 잊지 마시길 바랍니다.

김민진 변호사

5 "슈뢰딩거의 저작권", 모든 계약서에 등장하는 중요한 이슈!

슈뢰딩거의 저작권? 관측을 해야 범위가 결정된다.

물리학자인 에르빈 루돌프 요제프 알렉산더 슈뢰딩거(Erwin Rudolf Josef Alexander Schrödinger)는 상자 안에 있는 고양이를 이용한 사고실험으로 유명합니다. 상자 안에 있는 고양이가 죽어 있는지 살아 있는지 상자를 열어 보기 전까지는 알 수 없고, 그 고양이는 상자를 열어서 관측하기 전까지는 살아 있거나 혹은 죽어 있는 두 가지 상태에 모두 해당한다는 것입니다.

　　　　　　　　중소기업을 위한 법률, 회계가이드

다소 의외의 비유(?)라 생각할 수 있지만, 저작권 계약도 마찬가지입니다. 계약을 체결하기 전까지는 그 대상이 되는 저작권의 범위가 확정되지 않으며, 계약서에 구체적으로 명시되지 않은 권리는 언제든 논란이 될 수 있습니다. 특히 '2차적저작물작성권'의 경우, 이를 명확히 규정하지 않으면 계약 체결 후 예상치 못한 법적 분쟁으로 이어질 수 있습니다.

상자 안으로 들어가는 고양이는 자신의 운명을 알고 있을까.[20]

저작권은 특허권, 상표권, 실용신안권, 디자인권 등의 산업재산권과 달리 권리의 생성 자체가 별도의 출원이나 심사, 등록절차 없이[21] 자연적으로 이루어지기 때문에 다른 취급이 필요합니다. 마치 아기가 태어나듯 창

---

20)   출처: https://pixabay.com/illustrations/box-cat-pet-animal-black-cat-8702500/
21)   물론 한국저작권위원회에 저작권을 등록하는 절차가 있습니다. 그러나 저작권 등록은 추정적 효력을 가짐에 불과하고 그 자체로써 저작권을 생성하는 효력은 없습니다.

작자가 자신의 사상과 감정을 담아 저작물을 만들어 내는 순간 저작권은 태어나는 것입니다.

이러한 특성 때문에 저작권과 관련한 문제에 있어서는 그 권리의 존재 여부, 권리의 범위, 권리의 귀속 등이 모호하여 문제가 될 수 있습니다.

필자의 비유가 적절한지 여부는 판단이 다를 수 있으나 저작권 역시 슈뢰딩거의 고양이처럼 이에 대한 이용허락을 하거나 저작재산권을 양도하는 계약을 체결하기 전까지는, 저작권 자체의 이용허락과 양도하는 저작재산권의 범위가 결정되어 있다고 볼 수 없습니다. 그만큼 저작권과 관련한 계약은 계약서에 그 내용을 구체적으로 기재함으로써 비로소 계약의 대상인 저작권의 범위가 정해진다는 것입니다. 계약서의 작성이 매우 중요하겠지요?

꼼수는 No! 명확하고 구체적으로 정하자.

'계약'을 체결한다는 것은 당사자 간 의사의 합치를 의미하며, 청약과 승낙의 과정을 거치게 됩니다. 가끔 계약의 이행 관련 문제가 생긴 당사자들과 상담을 진행하다 보면, 계약의 법적 효력에 대하여 제대로 이해하지 못하여 곤란한 상황에 처한 경우를 볼 수 있는데요. 특히 계약의 구속력에 대한 부분입니다.

일단 체결된 계약은 양 당사자로 하여금 그 계약서에 기재된 내용에 따

     중소기업을 위한 법률, 회계가이드

른 권리와 의무에 구속되는 효력을 발생시킵니다(이른바 '계약의 구속력'). 즉, 적법한 계약 해제, 해지 사유 또는 계약 종료 사유가 없이는 계약의 효력에서 벗어날 수 없다는 것입니다.

그렇기 때문에 계약을 체결할 때는 앞으로 계약을 이행할 것을 대비하여 매우 구체적으로 각 항목을 정해야 분쟁의 가능성을 줄일 수 있습니다. 특히 자신이 갖고 있는 어떤 권리에 대해 다른 사람에게 이를 사용하도록 허락하는 계약, 예를 들어 특허권에 대한 실시계약(라이선스 계약)이나 저작권 사용허락계약 등에서 권리자 측은 자신이 어떤 권리를, 언제까지, 어디에서 사용하도록 허락하는 것인지 그 범위를 명확히 하는 것이 중요합니다.

저작권 사용허락계약의 중요 POINT

항목	내용
사용 기간	저작권을 언제부터 언제까지 사용하도록 허락하는 것인지 그 기간을 명확히 정해야 합니다. 영구적으로 사용을 허락하는 계약 등 그 시간적 범위가 명확하지 않거나 지나치게 기간이 긴 계약은 권리자에게 매우 불리하고, 계약 자체의 완결성을 떨어뜨릴 수 있습니다.
공간적 범위	저작권을 사용할 수 있는 공간적 범위를 정해야 합니다. 통상 권리를 사용하고자 하는 측에서 제안하는 계약서 초안에는 공간적 범위를 정하지 않거나, 단순히 'GLOBAL'로 정하는 경우가 많습니다만, 이러한 방식으로 정하는 것은 권리자에게 불리하며 향

	후 분쟁의 씨앗이 될 수 있습니다. 양 당사자 사이에 명확하게 전 세계 어디에서라도 사용할 수 있다는 구체적 합의가 있는 것이 아니라면, 구체적으로 저작권을 사용할 수 있는 국가 혹은 지역을 열거하는 방식으로 규정하는 것이 필요합니다.
사용 범위 (2차적 저작물 작성권)	저작권 사용을 허락하는 구체적 범위에 대해 정해야 합니다. 물론 사용 허락하는 저작권 자체의 내용도 중요하지만, 근래 가장 중요한 쟁점은 이른바 '2차적저작물작성권'의 범위입니다. 구체적으로 어떤 형태의 저작물로 2차적저작물을 작성할 수 있도록 허락하는 것인지 계약에서 열거하는 방식으로 규정하는 것이 필요합니다.

저작권 계약에서 이 세 가지 요소를 명확히 규정하지 않으면 계약 체결 후 예상치 못한 법적 분쟁이 발생할 가능성이 큽니다.

점점 중요해지는 2차적저작물작성권

현대 사회는 하루가 다르게 다양한 형태의 콘텐츠가 등장하고 있습니다. 유튜브(Youtube), 틱톡(Tiktok) 등의 동영상 플랫폼뿐만 아니라 VR(Virtual Reality), AR(Augmented Reality) 등의 가상현실 콘텐츠, 웹툰, 웹소설, OTT 플랫폼 등에 이르기까지⋯ 과거에 소설, 만화, 영화, 드라마, 게임 등으로 분류되었던 것과는 달리 예측이 불가능할 정도로 다양한 형태의 콘텐츠가 존재하는 상황입니다.

그러다 보니 각 콘텐츠 간의 트랜스포밍(Transforming, 전환)도 활발합니다. 웹소설을 기반으로 웹툰을 그리고, 또 그 웹툰을 기반으로 영화를 만들고, 영화가 다시 게임으로 탄생하고 게임을 바탕으로 VR 콘텐츠를 만드는 등 정말 다양한데요, 물론 그 과정에서 저작물 속 캐릭터나 스토리를 활용한 일명 '굿즈(goods)'라고 하는 제작상품이 인기를 얻기도 합니다.

저작권법

제5조(2차적저작물) ① 원저작물을 번역·편곡·변형·각색·영상제작 그 밖의 방법으로 작성한 창작물(이하 "2차적저작물"이라 한다)은 독자적인 저작물로서 보호된다.

② 2차적저작물의 보호는 그 원저작물의 저작자의 권리에 영향을 미치지 아니한다.

제22조(2차적저작물작성권) 저작자는 그의 저작물을 원저작물로 하는 2차적저작물을 작성하여 이용할 권리를 가진다.

우리 저작권법은 2차적저작물에 대하여 제5조에서 정의하며, 제22조에서 저작권자가 2차적저작물을 작성하여 이용할 권리를 가진다고 정하고 있습니다. 즉, 제3자가 원저작물을 이용하여 2차적저작물을 작성하기 위하여는 원칙적으로 2차적저작물작성권을 갖고 있는 원저작권자의 동의가 필요한 것입니다. 이는 다른 챕터에서 살펴보았듯이 저작인격권 중 동일성 유지권과 일맥상통하는 부분이라 볼 수 있습니다.

통상 저작권에 대한 이용허락의 내용을 담은 계약은 그 계약의 표제가 무엇이든 관계없이 2차적저작물작성권을 어디까지 허락하는지와 관련한 내용을 포함하고 있는데요, 바로 이 부분이 최근 가장 중요한 계약상 이슈가 되고 있습니다.

원저작권자 입장에서는 향후 자신의 저작물이 어떤 방향으로 대중들에게 인정받고 발전하게 될지 전부 예측하기 어려운 상황에서 저작권의 이용허락을 하며 2차적저작물작성권을 포괄적으로 동의하는 것에 부담을 느낄 수밖에 없을 것입니다. 반면에 저작권 이용허락을 받아서 저작물을 활용하고자 하는 입장에서는 원저작물을 최대한 활용하되 이에 대한 인지도가 높아지면 다른 형태의 콘텐츠로 재창작하여 추가적인 수익을 창출하고자 할 것입니다.

이러한 이유로 양 당사자 간에 2차적저작물작성권의 허락 범위에 대해 치열하게 협상하게 되는 바, 계약 당시 모호하게 정해 놓을 경우 추후 분쟁의 단초가 될 수 있음을 유의하여야 합니다.

"저작권자는 계약 상대방에게 본 저작물을 원작으로 하여 웹툰, 영화, 드라마를 제작할 수 있는 권한을 부여한다. 다만, 게임, VR 콘텐츠, 굿즈 제작 등 기타 2차적저작물로의 변형은 포함되지 않는다."

위 예시 조항처럼 필자는 2차적저작물작성권이 허락되는 범위를 최대한 구체적으로 열거하는 방식으로 계약서를 작성하여 분쟁의 소지를 줄이는 방향으로 당사자들을 설득하고자 하는데요, 쉽지 않은 작업이지만 그렇다고 피해갈 수 없는 꼭 필요한 과정이라 생각됩니다.

CASE 풀이

작가 A는 저작권 이용허락 계약을 체결함에 있어 우선, (1) 저작권 사용을 언제까지 허락할지(계약이 유효한 기간 설정), (2) 플랫폼에서 웹소설을 활용하여 서비스할 수 있는 장소(국가)에 제한을 둘지, 제한을 둔다면 어떤 장소(국가)에 대하여 이용을 허락할지(장소적 범위 설정), (3) 2차적저작물작성권을 어떤 형태의 콘텐츠까지 허용해야 할지 고민하고 이에 대해 플랫폼 측과 협의하여야 할 것입니다. 물론 저작권 이용허락을 통한 미니멈 개런티(Minimum Guarantee, MG)나 로열티 수익 등에 대해서 상세히 정하는 것도 중요한데요, 이번 챕터에서는 저작권 관련 계약 체결에 있어서 필수적인 쟁점을 위주로 먼저 말씀드렸습니다.

다양한 IP들이 경쟁하는 시대

현대 사회는 정말 다양한 형태의 콘텐츠들이 끊임없이 생성되고 있습니다. 특히 최근에는 생성형 AI가 폭넓게 적용되면서 저작권의 개념도 새롭게 정의되어야 한다는 이슈가 제기되는 상황입니다.

이번 챕터에서는 저작권의 이용허락 및 2차적저작물작성권과 관련하여 중점적으로 살펴보았는데요, 사실 워낙 다양한 IP(Intellectual Property, 지적재산권)들이 경쟁하는 상황에서 어떠한 계약의 형태이든 그 안에 IP의 이용허락 및 권리 설정에 대한 조항은 반드시 들어가게 될 것이라 예상됩니다.

비록 이상에서는 저작권 관련 계약을 위주로 주로 살펴보아야 할 법적 이슈에 대해 설명해드렸지만, 이 챕터에 대해 이해를 하셨다면 그 밖에 다양한 계약의 형태에 있어서도 유사한 논리적 구조를 활용하실 수 있을 것이라 생각됩니다.

마지막으로 저작권 이용 허락이나 양도 관련 계약을 체결하기 전에 반드시 이하의 5가지 사항을 체크하시기 바랍니다.

1. 사용 기간이 명확한가?
2. 공간적 범위가 지나치게 넓게 설정되지 않았는가?
3. 2차적저작물작성권의 허용 범위가 명확한가?
4. 계약 해지 조항이 어떻게 구성되어 있는가?
5. 로열티 및 수익 배분 조건이 공정한가?

저작권 계약은 체결된 후에는 수정이 매우 어렵기 때문에 사전에 꼼꼼히 검토하는 것이 필수적입니다. 권리의 사용을 허락하는 측에서는 허락의 범위를 구체적으로 제한 하려하고, 권리를 사용하고자 허락을 구하는 측에서는 허락의 범위를 모호하게 하여 최대한 더 넓은 범위에서 권리를 활용하려 한다는 점, 잊지 마시고 각자의 입장에서 최대한의 효율을 이끌어내고 분쟁을 예방하는 방향으로 계약서를 작성하여 활용하시기 바랍니다.

     중소기업을 위한 법률, 회계가이드

6 "'Tag along'에 대해 들어 보셨나요?" 투자자의 방어수단에 대해 알아보자

〈사례〉

스타트업 A는 유명 벤처캐피탈(VC)로부터 10억 원을 투자받기로 하였습니다. 초기 논의 단계에서 투자자는 A의 CEO에게 투자계약의 주요 내용을 정리한 TERM SHEET을 보내왔습니다. 그러나 이후 '신주인수계약서'를 받아 본 CEO는 당황했습니다. TERM SHEET보다 훨씬 복잡한 조항들이 포함되어 있었기 때문입니다. 특히, 대표이사(대주주)의 주식 매각 제한과 투자자의 보호 장치(RFR, Tag along)가 명시되어 있었습니다. CEO는 이 조항들이 자신과 회사에 어떤 영향을 미칠지 고민하기 시작했습니다.

투자계약의 구조

'투자계약'이라는 것은 엄밀히 말하면, 우리 회사의 신주발행 유상증자에 있어 외부인(투자자)에 대하여 주식을 배정한다는 의미입니다. 물론 기존에 발행되어 회사 주주가 보유하고 있는 일명 '구주식(구주)'을 양도양수 하는 방식으로 투자하는 경우도 있는데요, 많은 경우 스타트업에 대한 벤처캐피탈의 투자는 스타트업이 신주를 발행하여 투자자가 이를 배정받는 방식으로 이루어집니다.

투자자는 회사가 발행하는 신주의 대금을 납입하고 주주명부에 등재되어 회사의 주주가 되는데, 투자계약은 투자자가 회사의 주식을 배정받기 위한 요건(1주당 주식의 금액, 액면가, 주식의 종류 등)과 투자자가 주주가 된 이후에 회사와의 관계설정에 대한 조항들로 구성됩니다.

즉, 투자계약은 다음과 같이 두 가지의 계약으로 구성됩니다.

1. 주식인수계약(Stock Purchase Agreement, SPA) - 신주를 발행하고 투자자가 이를 매수하는(배정받는) 계약
2. 주주 간 계약(Shareholders Agreement, SHA) - 투자자가 장차 주주로서 가지게 될 권리와 의무를 규정하는 계약

해외에서는 두 계약이 분리되어 각각 체결되는 경우가 많지만, 엔젤 투자나 작은 규모의 벤처 투자가 많은 국내에서는 하나로 통합하여 체결되는 것이 일반적입니다. 하나로 통합된 이 계약이 바로 국내에서 통용되는 '신주인수계약서', 일명 '투자계약서'인 것입니다.

투자 계약을 체결할 때, 투자자는 단순히 자금을 제공하는 것만이 아니라 자신의 투자금을 보호하는 방어 장치를 마련해야 합니다. 만약 투자 이후 대주주가 회사를 떠나거나 예상치 못한 방식으로 대주주가 제3자에게 주식을 매각한다면, 투자자는 위험에 노출될 수 있습니다. 이를 방지

   중소기업을 위한 법률, 회계가이드

하기 위해 투자 계약에는 '우선매수권(Right of First Refusal, RFR)'과 '공동 매도참여권(Tag along)' 등의 대표적인 투자자 방어를 위한 조항이 포함됩니다.

투자자의 주요 방어수단	
이해관계인 조항	- 회사 대표(대주주)를 계약 당사자로 포함하여 일부 법적 책임을 함께 지게 만듦
우선매수권 (RFR, Right Of First Refusal)	- 대주주가 주식을 매각할 때, 투자자가 우선적으로 매수할 수 있는 권리
공동매도참여권 (Tag along)	- 대주주가 주식을 매각할 경우, 투자자도 같은 조건으로 동반 매도를 요구할 권리

이번 챕터에서는 투자자가 주주 간 계약(SHA)상 갖는 여러 가지 권리 중 이해관계인(대주주)의 주식 처분과 관련한 방어적 수단에 대해 차례대로 살펴보도록 하겠습니다.

투자자도 방어수단이 필요하다? - '이해관계인'도 투자계약의 당사자

투자자의 입장에서 생각해 보면, 업력이 짧은 신생 기업인 스타트업이나 규모가 작은 중소기업에 투자하는 것에 대한 위험성을 생각하지 않을 수 없을 것입니다.

우리 법은 애초에 사람이 태어나면서부터 천부인권을 갖게 됨을 바탕
으로 법적 권리와 의무의 당사자가 됨을 전제로 하고 있습니다. 그러나
우리 사회가 점점 복잡해지면서 사람 개개인의 법적 권리들이 충돌하는
경우가 발생하고, 그것을 묶어서 다룰 필요성이 커지게 되어 '법인'이라는
개념이 탄생하게 된 것입니다.

투자 계약 이야기를 하면서 왜 갑자기 '법인' 이야기를 하느냐고요? 앞
서 이야기 한 투자자의 리스크 이야기를 하기 위해서 입니다. 투자자가
투자를 하는 대상은 대부분의 경우 신생 '법인' 또는 규모가 크지 않은 '법
인'에 해당하고, 해당 법인의 대표이사인 '개인'이 아닙니다. 따라서 투자
이후 회사에 문제가 발생하여 투자금을 회수할 가능성이 낮아지는 등 위
험이 발생할 경우, 투자자가 이에 대한 손해배상을 청구하는 등 손해 회복
을 위한 법적 구제조치를 취할 대상은 '법인'이지 '개인'인 대표이사가 아
닙니다. 따라서 피투자법인이 손해배상을 할 자력이 되지 않을 경우(회사
에 남은 재산이 없을 경우) 투자자는 고스란히 그 손해를 떠안게 되는 것
입니다.

그래서 투자자는 이러한 경우를 대비하여 주식인수계약서 내에 몇 가
지 방어수단을 넣게 됩니다. 그 첫 번째가 피투자회사의 대표이사나 대주
주를 '이해관계인'으로 칭하여 계약당사자로 넣어서 함께 날인하게 하는
것입니다. 이렇게 함으로써 오로지 '법인'인 피투자회사만이 책임의 당사
자였던 상태에서 '개인'인 대표이사나 대주주 역시 계약당사자로서 회사
와 함께 일정 부분에 대해 책임을 지게 됩니다.

투자자도 방어수단이 필요하다? - 'RFR', 'Tag along'

이제 투자계약의 당사자는 투자자, 피투자회사(스타트업, 중소기업 A), 이해관계인(대주주, 대표이사)이 되었습니다.

그렇다면 투자자는 구체적으로 어떤 방어수단을 갖고 있을까요? 먼저 투자자는 이해관계인의 주식 처분을 제한합니다. 이해관계인은 투자자의 사전 동의 없이는 주식을 처분할 수 없게 되는 것입니다. 이는 투자자의 입장에서 투자 이후에 대주주가 자신이 보유하고 있는 회사 주식을 매도하고 나가는 경우 핵심인력이 빠지게 되어 더 이상 회사의 성장을 기대할 수 없는 상황이 되는 것을 방지하기 위함입니다. 이에 대한 대표적인 예시 조항은 이하와 같습니다.

제조 (이해관계인의 주식 처분)**

1. 이해관계인은 투자자의 사전 서면동의 없이 주식처분(양도, 이전, 매각, 담보제공 등)을 하여서는 아니된다.
2. 본 조에 따라 이해관계인이 투자자의 사전 서면동의를 받고 주식을 제3자에게 처분하는 경우, 이해관계인은 주식을 양수하는 제3자로 하여금 본 계약에 따른 이해관계인의 권리의무 일체를 승계하도록 하여야 한다.

두 번째로, 투자자는, 이해관계인이 보유하고 있는 주식을 처분하고자 할 때 사전 동의를 해 주거나 거부하는 대신에 처분하고자 하는 이해관계인의 주식을 투자자가 직접 매수할 수 있는 권리를 설정하기도 합니다.

이를 투자자의 '우선매수권(Right of First Refusal, RFR)'이라 합니다. 투자자는 이해관계인에게 해당 주식을 자신이 매수하겠다고 통지하며, 이는 단순히 주식 매수의 청약(요청)이 아닌 요청 자체로 주식매매계약이 성립하는 형성적 권리에 해당하여 이해관계인은 이를 거부할 수 없습니다.

세 번째로, 투자자는, 이해관계인이 보유하고 있는 주식을 처분하고자 할 때 사전 동의를 해 주거나 거부하거나 우선매수권을 행사하는 대신에 투자자 자신이 보유하고 있는 주식도 같은 비율로 매도해줄 것을 전제 조건으로 요구할 수 있습니다. 이를 투자자의 '공동매도참여권(Tag along)'이라 합니다. 이에 대해 이해관계인이 거절할 경우, 또는 (매수인의 사정 등으로)공동매도가 불가능할 경우 이해관계인은 처음 상황으로 돌아가 주식을 매도할 수 없게 됩니다.

우선매수권과 공동매도참여권의 대표적인 예시 조항은 이하와 같습니다.

> **제**조 (투자자의 우선매수권 및 공동매도참여권)**
>
> 1. 전조에도 불구하고 이해관계인이 회사 주식의 전부 또는 일부를 처분하고자 하는 경우, 이해관계인은 투자자에게 동일한 조건으로 우선하여 매수할 수 있는 권리(이하 "**우선매수권**")와 동일한 조건으로 지분비율에 따라 함께 매도할 수 있는 권리(이하 "**공동매도참여권**")를 보장하여야 한다.
> 2. 이해관계인이 회사 주식의 전부 또는 일부를 처분하고자 하는 경우, 이해관계인은 양도하고자 하는 지분을 제3자에게 매각, 양도 또는 이전하고자 한다는 취지, 당해 제3자의 신원, 양도주식수, 주당 양도가액, 양도예정일

중소기업을 위한 법률, 회계가이드

기타 양도의 주요 조건을 명시하여, 양도예정일로부터 [**]일 이전에 투자
자에게 서면 통지하여야 한다.

3. 투자자는 이해관계인으로부터 위 통지를 받은 날로부터 [**]일 이내에 이
해관계인에게 제1항의 우선매수권 또는 공동매도참여권 행사 여부, 우선
매수권을 행사하기로 한 경우 주식을 매수하려는 자의 정보(투자자 또는
투자자가 지명하는 자), 공동매도참여권을 행사하기로 선택한 경우 공동
매도하고자 하는 주식의 종류와 수량을 서면으로 통지해야 한다.

4. 이해관계인은 투자자에게 본 조에 따른 우선매수권과 공동매도참여권이
보장되지 않는 한 회사의 주식을 일부라도 처분하여서는 아니 된다.

5. 투자자가 본 조에 의한 우선매수권 및 공동매도참여권을 행사하지 않고,
전조에 따른 주식처분을 동의한 경우 이해관계인은 제2항에 따라 통지한
조건 범위 내에서만 주식을 처분할 수 있고, 조건이 변경되는 경우 다시
전조와 본 조에 따른 절차를 거쳐야 한다.

이렇듯 투자자는 이해관계인을 투자계약의 당사자로 참여하게 하고,
이해관계인의 주식처분에 일정한 제한을 가함으로써 투자의 리스크를 줄
이기 위한 장치를 마련하고 있습니다.

투자계약을 위반했을 때의 패널티 - 주식매수청구권

아울러 투자자는 회사 또는 이해관계인이 투자계약의 주요 조항을 위
반하였을 경우, 투자자가 매입한 주식을 다시 회사 또는 이해관계인이 매
수할 것(통상 주식매수청구권을 행사할 때까지의 이자를 원 투자금에 포

함하여 매수를 청구합니다)을 청구하는 권리, '주식매수청구권'을 규정함
으로써 혹여 발생할 계약위반에 대비하여 일종의 손해배상을 청구하는
권리를 정합니다(물론 주식매수청구 이외에 별도의 손해배상청구도 추가
로 가능하도록 조항을 설정하는 경우가 많습니다).

과거에는 주식매수청구권과 관련하여 회사가 계약을 위반하였든, 이해
관계인이 계약을 위반하였든, 양자가 함께 연대하여 책임지는 방향으로
규정하는 경우가 많았으나 이로 인하여 창업자 개인이 무리한 책임을 지
게 되어 창업 의지를 저하시킨다는 사회적 비판이 많아지면서 최근에는
회사가 위반한 경우에는 회사에 대하여, 이해관계인이 위반한 경우에는
이해관계인에 대하여 각 주식매수청구권을 행사하는 것으로 정하는 경우
가 많습니다. 회사와 대주주의 책임을 분리하는 것입니다.

이에 대한 대표적인 예시조항은 이하와 같습니다.

제조 (주식매수청구권)**

회사에게 다음 각 호 사유가 발생한 경우 투자자는 회사에게 법률이 허용하
는 범위 내에서 본건 주식의 전부 또는 일부를 매수할 것을 청구할 수 있는
권리(이하 "**회사에 대한 주식매수청구권**")을 갖는다.

제*조의 선행조건이 충족되지 않았음에도 불구하고 투자금을 납입하게 함
으로써 투자의 효력을 발생하게 한 경우

제*조의 진술과 보장 사항이 거짓으로 확인된 경우

제*조의 투자금 사용용도를 위반한 경우

> 제*조 기술의 이전, 양도 겸업 및 신회사 설립 제한 의무를 위반한 경우
> 제*조를 위반하여 투자자와 3회 이상 동의 또는 협의 없이 각 호 사항을 진행한 경우
> 제*조에 따른 회계 및 업무감사 협조 또는 시정조치 의무를 위반한 경우
> 제*조에서 정한 특약사항을 위반한 경우

투자계약은, 체결 이후 '이행'이 더 중요한 약속입니다.

엔젤 투자 단계의 스타트업과 투자 관련 상담을 하다 보면, 투자계약에 대해 잘 이해하지 못하고 오로지 자금을 투자 받고 사업을 잘해서 수익을 돌려주면 된다고 단순히 생각하는 경우가 많습니다.

그러나 흔히 말하는 '투자계약'이란, 결국 투자자가 우리 회사의 주주가 되어 회사 경영에 직·간접적으로 참여하게 되는 계약으로 신주 대금을 납입하는 단계 뿐만 아니라 투자자가 주주가 된 이후에 어떻게 경영에 참여하게 되는지에 대하여 더 주목하여 보아야 할 부분이 있습니다.

아울러 '투자계약'에서는 이해관계인을 당사자로 설정하고, 이해관계인의 주식처분을 제한하는 등 투자자를 방어하기 위한 여러 가지 장치를 두고 있으므로 이에 대해서도 사전에 꼼꼼히 확인하고 필요한 부분은 적극적으로 협상하는 것이 필요하다고 할 것입니다.

투자계약 체결 시 반드시 다음의 사항을 확인하시기 바랍니다.

1. 투자자가 주주가 된 이후 회사 운영에 어떤 영향을 미칠 것인가?

2. 투자자의 동의 없이 대주주가 주식을 매각할 수 있는가?

3. 계약 위반 시, 패널티 조항(주식매수청구권, 위약벌, 손해배상청구권)이 공정하게 설정되었는가?

4. 투자자와 대주주 간의 협력 관계를 유지할 방안이 있는가?

투자를 받는다는 것은 단순한 자금 조달 계약이 아닙니다. 회사의 미래를 결정하는 중요한 약속이며, 우리 회사에 새로운 식구가 들어오는 것과 같은 의미입니다. 새 식구와 함께 지켜야 할 규칙을 설정하고 그러한 규칙을 잘 지켜 나가는 것의 중요성을 결코 간과하여서는 아니 될 것입니다.

김세영 회계사

저자 소개

김 세 영 회계사

한울회계법인 파트너 회계사
www.crowe.com
seyoungkim@hanulac.co.kr

한울회계법인 파트너 회계사

- 한양대학교 경영대학 졸업

- 前 KPMG 삼정회계법인

- 국내외 다수 기업에 대한 기업가치평가업무(Valuation)

- 국내 다수 기업에 대한 M&A 및 투자유치 자문업무(Advisory)

- 국내 다수 기업에 대한 외부회계감사업무(Audit)

현재 제가 몸담고 있는 회계법인에서는 주로 스타트업부터 중견기업 단계에 있는 고객사를 대상으로 회계감사와 자문을 수행하고 있습니다.

업체 특성상, 체계가 잘 잡힌 대기업보다는 이제 막 창업했거나 성장기를 지나고 있는 기업들이 많다 보니, 이들이 겪는 다양한 시행착오와 고충을 자주 마주하게 됩니다.

이 책은 그런 스타트업과 중소기업들이 공통적으로 부딪히는 고민의 순간들을 모아 정리한 것입니다.

직접 경험했거나, 주변 스타트업 대표님들이 겪었던 법률·회계 관련 사례들을 중심으로, 어떻게 대응했고 어떤 교훈이 있었는지를 짧고 가볍게 풀어 보았습니다.

법무팀이나 회계팀의 막내부터, 이제 막 팀을 키워 가는 창업자까지 이 책이 실무의 갈피를 잡는 데 작지만 유용한 참고서가 되기를 바랍니다.

〈사례〉

수년째 중소기업을 운영하고 있는 대표 A씨는, 최근 처음으로 사업자금 대출을 받기 위하여 은행을 찾아갔다가, 최근 재무제표를 제출해 달라는 요청을 받았습니다.

이에 따라 재무담당자로부터 재무제표를 제출받아 검토하던 중 문득 이상한 점을 파악하였습니다.

그동안 회사 운영을 위해서 구매한 자산들의 많은 항목들이 재무제표의 자산내역에서 보이지 않았던 것입니다. 적게는 컴퓨터, 냉장고, 노트북뿐 아니라, 크게는 인테리어 공사 등 많은 금액이 보이지 않았던 것입니다.

이에 재무담당자를 불러서 자초지종을 물으니, 그동안 법인세 절감 목적을 위하여 구매한 자산들을 모두 지출시점에 비용으로 일시에 처리해 온 것으로 파악되었습니다.

해당 재무제표를 제출받아 본 은행담당자로부터도 회사 영업을 고려할 때 회사 자산 총액이 다소 적다는 얘기를 듣고, 대출 가능여부/금리 등에서 불이익을 받는 것은 아닌지 고민을 하고 있습니다.

설비 구입에 대한 회계처리 어떻게? 자산? 비용?

회사에서는 회사 고유의 사업과 관련하여 다양한 구매가 이루어집니다. 그 구매금액의 비중이 상당한 경우 이에 대한 회계처리를 어떻게 하는지에 따라서 회사의 재무성과 및 납부세액이 달라질 수 있습니다.

단순한 예를 들어 보겠습니다. 어느 회사가 향후 제품 생산 및 판매를 위하여, 특정 연도에 기계장치를 5천만 원을 들여 구매했다고 가정해 보겠습니다. 이 기계장치를 통해서 앞으로 5년간 매년 2천만 원의 제품 생산 및 판매가 가능하다고 합니다. 이럴 경우 해당 기계장치 구매액을 어떻게 처리하느냐에 따라서 아래와 같이 회사의 재무실적 및 법인세 납부액(세율 20% 가정 및 추가적인 세무조정 효과는 생략)은 달라집니다.

① 구매한 시점에 일시에 비용처리할 경우

구분	1차연도	2차연도	3차연도	4차연도	5차연도	합계
제품매출	2,000만 원	2,000만 원	2,000만 원	2,000만 원	2,000만 원	10,000만 원
기계구매비	(5,000만 원)	-	-	-	-	(5,000만 원)
당기순이익	(3,000만 원)	2,000만 원	2,000만 원	2,000만 원	2,000만 원	5,000만 원
법인세	-	-	(200만 원)	(400만 원)	(400만 원)	1,000만 원

(*) 2~3차연도의 법인세는 1차 연도 당기순손실을 고려하여 법인세 납부액이 감소하게 됨(이월결손금 사용 효과)

② 첫 해에는 자산화하고 매년 균등하게 비용처리할 경우

구분	1차연도	2차연도	3차연도	4차연도	5차연도	합계
제품매출	2,000만 원	2,000만 원	2,000만 원	2,000만 원	2,000만 원	10,000만 원
감가상각비	(1,000만 원)	(1,000만 원)	(1,000만 원)	(1,000만 원)	(1,000만 원)	(5,000만 원)
당기순이익	1,000만 원	1,000만 원	1,000만 원	1,000만 원	1,000만 원	5,000만 원
법인세	(200만 원)	(200만 원)	(200만 원)	(200만 원)	(200만 원)	1,000만 원

위 표에서처럼 총 5년간의 매출, 비용, 수익 및 법인세의 합계액은 동일하다는 것을 알 수 있습니다. 다만 어느 특정시점에서 회사 재무성과를 들여다볼 경우에는 두 경우가 꽤 다른 결론을 가져올 수 있습니다.

가장 손쉬운 법인세 절감 방안 "비용 계상"

회사를 운영하면서 발생하는 세금인 법인세는, 매년 법인의 결산을 기초로 총 수익에서 총 비용을 차감한 소득에 대하여 납부한다고 보면 간단한 설명이 될 수 있습니다.

이에 따라 법인세를 절감하기 위해서는, 동일한 수익을 가정할 경우 비용을 최대한 많이 결산에 반영해야 납부해야 할 세금이 감소하는 것입니다.

그러다 보니, 법인세 절감에만 목적을 두는 경우 수많은 지출에 대해서 자산성 여부를 따지지 않고 비용으로만 우선적으로 처리하여 위 사례처럼 회사의 재무건전성의 측면에서는 안 좋은 결과를 가져오기도 합니다.

　　　　　　　　　　　중소기업을 위한 법률, 회계가이드

과도한 비용처리는 일시적인 세금절약

이와 같은 비용처리로 세금은 절약할 수 있으나, 이는 **일시적인 효과**라고 볼 수 있습니다. 왜냐하면 특정 해에 지출한 금액을 모두 비용으로 처리할 경우, 그 해에는 법인세 산출의 근거가 되는 총 수익에서 총 비용을 차감한 소득(이를 "각 사업연도 소득금액"이라고 함)이 줄어들어 납부할 세금이 감소하겠으나, 당장 그 다음 해부터는 비용 처리 감소로 이전 해에 비하여 각 사업연도 소득금액의 증가에 따라 납부할 세금이 증가하는 일종의 "조삼모사" 현상이 나오기 때문입니다. 위에서 표를 통해 예를 들었던 경우처럼 어느 경우에나 총 세금의 합계액은 동일한 것을 보면 알 수 있습니다.

적절한 시점에 비용화하는 것이 재무성과의 왜곡을 줄여 주는 방법

통상적으로 회사가 취득하는 자산은 대부분, 당장 한 번의 사용을 위한 것보다는 향후 미래 수익 창출(혹은 비용절감)을 위한 선투자의 성격을 띠는 경우가 많습니다.

따라서 이러한 지출(자산취득)을 일시에 비용처리할 것이 아니라 회사에서 발생하는 향후 수익 발생 정도 혹은 해당 자산의 사용정도(시점)를 고려한 적절한 시점에 비용화하여, 수익과 비용이 대응되어야 재무제표의 왜곡도 감소하고 각 연도별로 비교적 올바른 사업성과에 비례하는 세금을 납부할 수 있게 됩니다.

유형자산을 취득한 경우 취득한 시점에 한번에 모두 비용화하는 것이 아니라, 감가상각이라는 과정을 통해 수익창출에 기여하는 기간에 걸쳐서 매년 비용화하는 방법이 그러한 경우입니다.

위 사례의 중소기업 대표 A씨처럼, 금융기관의 대출을 받고자 하거나, 외부로부터 투자를 받고자 하는 경우 등에 실제 회사의 재무건전성보다 악화된 모습으로 비춰져, 생각지 못했던 불이익을 받게 되어 난감한 상황이 발생하기도 합니다.

또한, 회사의 규모가 커져서 법적으로 외부회계감사를 받아야 하는 경우가 되는 때(외감대상)에는, 과거의 잘못된 재무제표 처리 방식으로 인하여 외부회계감사인으로부터 적정의견을 받지 못하게 되는 상황이 발생할 수 있습니다.

어느 경우에나 회사 재무제표가 왜곡되어 있지 않도록 유의할 필요가 있습니다.

> ⟨사례⟩
>
> A기업은 향후 5년 안에 회사의 명운을 가를 신규 사업모델을 기획하고 있습니다. 이를 위하여 대표이사의 특명을 받아 일명 "RX01 프로젝트"라고 명명하고, 1년 넘게 전담팀을 꾸려서 밤낮으로 연구개발에 박차를 가하고 있습니다. 이에 대한 연구개발비용은 과거부터 현재까지 상당한 수준으로 발생하고 있었고 재무팀장은 이를 무형자산 항목(개발비)으로 회계처리하고 있었습니다.
>
> 올해부터 외부회계감사를 받게 된 A기업은 외부회계감사인으로부터 해당 프로젝트와 관련하여 계상되어 있는 무형자산(개발비)금액을 전액 비용처리해야 한다는 권고를 받았습니다. 이에 따라 상당한 금액이 일시에 비용처리되어 자산 금액 감소, 부채비율 증가 및 당기순이익 감소 등 회사의 재무수치가 급격히 악화될 상황에 놓여졌습니다.

연구개발비 회계처리 이슈로 인한 주가 급락

주식투자에 높은 이해도나 경험이 있으신 분들은, 2018년경 국내 상장사 제약, 바이오 업체들 사이에서 연구개발비 회계처리에 대한 이슈로 주가가 급락했던 일, 외부회계 감사의견이 변형되는 초유의 사태가 벌어졌던 일 등을 기억하실 겁니다.

A사에 대해서 한 글로벌증권사가 연구개발비를 과다하게 비용 대신 자산으로 처리하여 이익률을 높였다는 의견으로 "매도"보고서를 발행하자, 주가가 하루 새 크게 폭락했던 사건이 발생하였고, B사에서는 외부회계 감사를 맡은 회계법인과 회사 간 자산으로 처리된 개발비에 대한 이견을 접히지 못하여 감독기관이 전면 조사에 착수했던 일이 발생하였습니다.

그전까지 제약, 바이오업체들(회사 사업모델이 신약 개발 등으로 장기간 매출 없이 R&D비용만 발생하는 것이 일반적임)이 R&D 비용을 자산으로 계상하는 경우가 많았고 그동안 이러한 관행에 대한 의구심이 증폭되어 오다가 결국 2018년경에 이슈가 되면서, 제약, 바이오 업체 주가가 큰 폭으로 하락하기 시작하였던 것입니다.

연구개발비에 대한 회계처리 기준

현재 기업회계기준상 연구개발(R&D)비용을 연구단계와 개발단계로 나누어 **1) 연구단계에서 지출된 비용은 전액 해당 시점의 비용으로, 2) 개발단계에서 지출된 비용은 자산화(무형자산 개발비로 계상)하였다가 향후 관련 수익이 발생하는 시점부터 적절한 내용 연수(기간)에 걸쳐서 비용화(유형자산의 감가상각비 처리와 동일한 방식)하도록** 규정되어 있습니다.

기업회계기준서에서 연구와 개발 단계를 개념적으로 설명하고는 있으나 구체적인 부분은 실무상 판단의 영역으로, 현업에서는 주관성이 개입

  중소기업을 위한 법률, 회계가이드

되다 보니 외부회계감사인과 회사 간 첨예한 입장 차이가 발생하기도 합니다.

자산화 기준에 대한 주관성 및 모호성

현재 한국채택국제회계기준(K-IFRS)에 따르면 개발단계에서 사용된 비용을 무형자산으로 인식하려면 아래 6가지 요건을 모두 충족해야 합니다. 다만 이에 대한 세부적인 실무지침/판단지표까지는 언급되어 있지 않다 보니 실무현장에서 혼란이 존재합니다.

① 무형자산을 완성할 수 있는 기술적 실현가능성
② 무형자산을 완성하여 사용하거나 판매하려는 기업의 의도
③ 무형자산을 사용하거나 판매할 수 있는 기업의 능력
④ 무형자산이 미래경제적효익을 창출하는 방법
⑤ 개발 완료 후 판매·사용에 필요한 기술적·재정적 자원 등의 입수가능성
⑥ 개발과정상 관련 지출을 신뢰성 있게 측정할 수 있는 기업의 능력

감독기관이 개발비에 대한 감독지침 발표

이러한 비용/자산화에 대한 판단이 모호하여 감사의견 변형, 거래정지 혹은 주가 급락 등 시장 혼란 우려가 커지자, 결국 감독기관인 금융감독원에서 2018년 9월경에 "제약·바이오 기업의 연구개발비 회계처리 관련 감독지침"을 통하여 제약/바이오 업체들의 연구개발비에 대하여 구체적인

지침을 발표하였습니다(예: 신약의 경우 임상3상개시 승인 이후의 비용부터 자산화 가능하도록 세부 기준 발표).

자산 계상된 개발비의 일시 비용처리 가능성 존재

위 상장사들처럼 R&D비용을 자산화(무형자산으로 계상)한 경우, 자산화에 대한 근거가 명확하지 못하고 객관적으로 제3자를 설득할 만한 수준의 집계가 되지 못한다면, 그 자산성을 인정받지 못하여 일시에 비용처리될 수 있다는 점에 유의할 필요가 있습니다. 특히 R&D비용이 크게 발생하는 사업구조를 가진, 기술집약적인 업종의 회사일수록 R&D비용이 발생하는 시점부터 명확한 기준을 갖춰서 어떻게 회계처리를 할지 정해야할 필요가 있습니다.

차라리 다소 보수적일지라도 비용이 발생하는 각 시점에 비용처리되었다면 위에 언급되었던 상장사들의 사례처럼, 향후 예상치 못한 시점에 큰금액의 자산(개발비)이 일시에 자산으로 인정받지 못하여 발생할 재무적인 악영향을 막을 수 있을지도 모릅니다.

   중소기업을 위한 법률, 회계가이드

〈사례〉

최근 몇 년간 불경기에도 불구하고 회사실적 확대에 최선을 다해온 A 업체 대표이사는, 양호한 매출 및 영업이익 실적에 힘입어서 회사의 재무적인 외형이 많이 커졌다는 보고를 재무팀장으로부터 수차례 받고 있었습니다.

그러던 중 연말 결산보고 시점에 재무담당자로부터 내년에는 법정 외부회계감사 대상이 될 것 같다는 내용을 보고받았습니다.

평소 주변 업체 대표들로부터 외부회계감사에 대한 얘기는 어느 정도 들어서 알고는 있었지만 직접 본인의 회사가 외부회계감사 대상이 된다는 말에, A 업체 대표이사는 그 의미가 정확히 뭔지, 회사에 미칠 영향이 무엇인지 궁금증이 생긴 상태입니다.

법정 외부회계감사의 대상과 의미

현재 우리나라는 일정규모 등에 해당하는 주식회사에 대하여 관련법에 의해서 의무적으로 외부회계감사를 받도록 하고 있습니다. 그 대략적인 조건은 다음과 같습니다.

〈법정외부회계감사의 대상〉

구분	세부
공통	주식회사와 유한회사에 대해서만 적용되며 아래 요건 중 한 개에 해당하는 회사
요건1	직전 사업연도 말의 자산총액이 500억 원 이상인 회사
요건2	직전 사업연도의 매출액이 500억 원 이상인 회사
요건3	다음 사항 중 2개 이상에 해당하는 회사 1)직전 사업연도 말 자산총액이 120억 원 이상 2)직전 사업연도 말 부채총액이 70억 원 이상 3)직전 사업연도의 매출액이 100억 원 이상 4)직전 사업연도 말 종업원이 100명 이상
요건4	주권상장법인 및 해당 또는 다음 사업연도에 주권상장법인이 되려는 회사

법정 외부회계감사는, 회사의 자산, 부채 및 매출의 규모가 일정 규모 이상이 되어 이해관계자가 많을 것으로 추정되거나, 상장 등이 이루어져 주주 수가 많아짐에 따라서 투명하고 객관적인 재무정보를 회사가 제시하도록 해야 할 것으로 여겨지는 업체들에 대해서, 정확한 재무제표를 만들어 객관적인 3자에게 이를 확인(감사) 받고 공시하도록 하려는 <u>취지의 제도입니다.</u>

이러한 법정 외부회계감사를 받는 업체들은 보통 매년 결산이 마무리되면 외부회계감사인으로부터 외부회계감사를 받은 후에 해당 재무제표

   중소기업을 위한 법률, 회계가이드

와 외부회계감사를 받았다는 보고서(감사보고서)를 금융감독원 전자공
시시스템(DART)에 공시하도록 규정되어 있습니다.

외부회계감사의 장단점

이러한 외부회계감사는 회사입장에서는 장점과 단점이 존재합니다. 우
선 그 취지에 걸맞게 회사로서는 객관적인 제3자로부터 재무제표에 대한
검증을 받은 것이 되므로 회사 재무제표 및 실적에 대한 외부 공신력이 생
기게 됩니다. 일부 금융기관의 경우 회사에게 대출/투자 등을 해 줄 때 외
부회계감사보고서의 유무에 따라서 금리 결정/자금 집행 규모 결정/심사
과정에서의 유불리가 발생하기도 합니다. 금융기관 등으로부터 투자를
받고자 하는 경우에도 외부회계감사보고서 유무에 따라서 절차가 다르게
진행되기도 하며, 일부 기관의 경우 외부회계감사보고서를 필수적으로
요구하기도 합니다.

다만, 외부회계감사를 진행함으로 인해서 회사입장에서는 추가적인 비
용이 발생하게 되고 외부회계감사를 문제없이 받기 위해서(감사의견으로
"적정"의견을 받는 것을 의미합니다)는 외부회계감사인들에게 자료 대응
및 소명 과정 등의 업무가 추가적으로 발생되는 등 실무적인 부담이 발생
하는 것이 일반적입니다.

실무상 처음 외부회계감사를 받는 경우 그 업무 난이도로 인하여 복잡하
고 귀찮은 과정으로 여기는 경우도 일부 있으나, 오히려 외부회계감사를

계기로 회사입장에서 재무관리의 중요성을 인식하게 되고, 관련 인력의 역량 강화, 내부통제 보완/강화 등의 계기로 삼아서 향후 지속적인 성장을 위하여 회사가 한 단계 성장하는 도약의 계기가 되는 경우도 많습니다.

외부회계감사의 종류

이러한 외부회계감사에는 법정외부회계감사 외에도 임의로 회사가 감사를 받는 경우(임의감사)도 있습니다.

분류	구분	설명
임의 감사	자유 수임	외감법에 따라 의무적으로 외부회계감사를 받을 필요는 없으나 회사가 필요에 의해서 자체적으로 외부회계감사를 받는 경우를 말함. 보통 대출/투자 등을 받는 경우 등 자체적인 필요에 의해서 진행됨
법정 감사	자유 수임	외감법에 정해진 일정 요건에 부합되는 경우 자체적으로 외부회계감사인을 선임하여 외부회계감사를 진행하는 경우를 말함. 자유수임이기 때문에 회사가 협상력을 가지고 외부회계감사인을 선임할 수 있음.
법정 감사	지정 감사	상장사 중 일정 요건(주기적 지정 등)에 해당되거나, IPO 등 상장사가 되기 위해서 준비 중에 있는 회사 등의 경우 외부회계감사인을 감독 기관이 지정해 주는 경우를 말함. 높은 수준의 독립성 있는 회계감사를 진행하기 위한 제도로 자유수임의 경우 비해서 회사 측에 협상력이 다소 불리한 게 일반적임.

중소기업을 위한 법률, 회계가이드

"위기가 곧 기회다"라는 말이 있듯이, 외부회계감사를 꼭 회사에 부담을 가져오는 업무라고만 인지하지 말고, 회사의 사업이 날로 번창함에 따른 성장통으로 여겨 디딤돌로 활용할 필요가 있겠습니다.

> 〈사례〉
>
> 내년부터 외부회계감사를 받게 된 A업체 대표는 올해 결산 재무제표를 담당자로부터 받아 보고 깜짝 놀랐습니다.
>
> 회사의 자산 중 상당한 금액의 가지급금이 존재하는 것이었습니다.
>
> 말 그대로 정확한 내역을 알 수 없는 지출에 대해서 자산 항목으로 계상되어 있던 것입니다.
>
> 이러한 가지급금을 어떻게 정리해야 할지, 이대로 외부회계감사인에게 재무제표를 제출해도 될지 고민에 빠지게 되었습니다.

가지급금의 의미와 발생이유

가지급금이란 그 말 그대로 가지급(임시로 지급)된 금액을 말합니다. 현금의 유출은 있었지만 거래내용이 불분명하거나 미확정인 상태에 있는 경우 이러한 항목들을 '가지급금'이라는 자산계정으로 실무상 처리하는 경우가 많습니다. 그 단어 그대로 임시의 의미를 가지고 있는 것입니다.

예를 들어, 매입 거래처와의 업무 진행을 위하여 계약서나 주문서가 발생되기 전에 우선적으로 대금을 선지급한 경우, 업무와 관련하여 부득이하게 현금으로 비용이 지급되었으나 관련된 적격증빙을 수취하지 못하여 가지급금으로 계상하다가 오랜 시간이 지나 버려 관련 내용 추적이 안 되는 경우 등 해당 현금 유출 내용을 회계상 비용으로 처리할지 자산으로 처리할지 판단이 되지 않다 보니 남아 있게 되는 성격의 항목입니다.

보통 이러한 가지급금은 회사 내부자체인원이 직접 결산을 수행하는 업체보다는 수년 간 외부기장을 맡기는 중소업체에서 주로 나타나는 경우가 많습니다.

이러한 가지급금은 평소에는 그 중요성을 모르고 지내다가 외부회계감사를 받게 되거나, 세무조사를 받게 될 때에 이슈가 되어 그 처리로 인해 골치를 겪는 일이 대부분입니다.

가지급금 정리 방안

외부회계감사를 받게 되는 경우, 그동안 쌓여 있던 가지급금의 정확한 내역을 요구받는 경우가 많습니다. 일일이 그 세부내용을 파악하게 되면 다행이지만, 장기간 시간이 지나 버린 경우, 그 세부내용이 파악이 안 되는 경우에는 어떻게 처리해야 할지에 대해서 고민이 생기게 됩니다. 보통 이러한 경우 후술하는 몇 가지 방안으로 정리하는 것이 일반적입니다만, 각 방법별로 장단점이 존재하기에 충분한 고민을 하고 방향을 정해야 합니다.

가장 최선의 방법은 시간이 들더라도 실제 정확한 자금 집행내역에 대한 파악을 통해서 실제 거래 내용에 맞게 처리하는 것이 최우선입니다. 다만 이러한 작업이 시간, 노동력 및 자료의 한계 등 현실적으로 해결 불가능할 것으로 보여질 경우에는 차선책으로 다음과 같은 방안을 고려해보는 것도 방법입니다.

1) 회사의 대표이사에 대한 대여금으로 처리하는 방안:

대표이사가 회사로부터 자금을 대여(대표이사 대여금)한 것으로 처리하는 방안입니다. 이 경우 대표이사와 회사와의 금전대차계약서 등 구비서류를 만들어 둬야 합니다. 회사의 자산으로 인식됨에 따라서 재무제표상 회사 유동자산 증대, 순자산 증대 및 부채비율 개선 등의 장점이 존재하나, 결국 대표이사가 회사로 계약서에 따른 원금과 이자를 만기시점에 납입해야 하는 현금유출 부담을 떠안아야 하는 부담이 존재합니다. 다소 대표이사가 금전적인 불이익을 감수하더라도 회사 재무실적 악화를 막고자 하는 업체들의 경우 추천하는 방안입니다.

2) 주식, 자산 등을 취득한 것으로 처리하는 방안:

회사가 대표이사 소유의 주식 혹은 특허권 등을 회사와 매매계약처리하면서 소유권을 회사로 넘기고, 해당 가지급금을 상계하는 방식입니다. 대여금으로 처리하는 경우와 마찬가지로 대표이사가 가지급금을 본인의 재산과 상계하면서 처리하는 부분에서는 동일한 방식이라고 할 수 있습니다. 다만 대여금으로 처리하는 것보다 실제 대표이사 입장에서는 현금 조달 부담을 줄일 수 있어서 실무적으로 용이한 방식입니다.

다만, 회사가 취득할 만한 대표이사의 적절한 자산(상표권, 특허권, 자기주식 등 회사 업무와 연관성 있는 자산)이 있을지 우선 검토가 되어야 하며, 해당 취득자산에 대한 적절한 평가(통상 세법상 인정되는 평가방법으로 진행)를 통하여 금액을 산출하고 상계해야만 향후 세무조사 등에서 추가적인 문제가 발생하지 않게 됩니다.

추가로, 특허권 등의 같은 무형자산이 사실상 회사의 연구개발 성과로 획득한 자산인데 명의만 대표이사 명의로 등록한 자산으로 보아, 매매계약 자체를 인정하지 않는 세무조사 사례도 발생하니 대상 자산을 대표이사가 취득한 경위도 함께 파악/준비해 놓는 것을 추천합니다.

만약 회사 주주 중 이를 문제 삼을 수 있을 만한 타주주가 있는 경우에는 이러한 거래에 대해서 사전 동의도 받아 두어야 배임/횡령 이슈가 발생하지 않을 것입니다.

3) 과거의 비용으로 일시에 처리하는 방안:

과거 회사의 영업 등을 위하여 지출된 비용으로 보여지나 구체적인 항목 파악이 안 되는 경우 일시에 이를 비용으로 처리하는 방식입니다. 적절한 적격증빙을 수취하지 못함에 따라서 향후 세무조사 시 세법상 비용으로 인정받지 못할 수 있다는 가능성이 존재한다는 점과, 재무적으로 일시에 과도한 비용으로 인식됨에 따라서 손익 악화 및 부채비율을 높이는 효과는 단점이라고 할 수 있습니다.

다만 다른 방안과 달리 추가적인 자금 유출 부담이 없는 점은 장점입니다. 단기 악화된 재무실적(손익계산서상 당기손익을 악화시킴)으로부터 크게 영향을 받지 않는 업체들이 선택할 만한 방안이라고 할 수 있습니다.

5. 회계 장부 작성/관리는 외부기장 혹은 내부기장 어떤 방식으로?

〈사례〉

재작년에 신규 설립된 A사의 대표는 최근 회사가 성장함에 따라서 고민이 생겼습니다. 그전까지는 회사 규모에 맞춰서 외부 회계사무소에 기장을 맡겨서 오던 중이었습니다. 하지만 점차 회사의 거래처가 많아지고 직원 수 증가 및 거래 건수가 많아짐에 따라서 내부기장을 해야 하나 고민에 빠졌습니다. 물론 내부기장(자체 재무팀 직원을 충원하여 회계장부 작성을 회사가 직접 진행)을 하는 방식이 정확하고 여러모로 좋다는 것은 알고 있었으나, 인건비 부담이 되는 점도 무시할 수 없기 때문입니다. 언제쯤 내부기장으로 전환을 해야 할지 고민이 되고 있습니다.

외/내부기장의 각 특징

어느 기업이나 일정규모가 되는 경우 재무제표 작성과 관리는 필수입니다. 이를 위하여 회사가 자체적인 회계재무팀 인원을 고용하여 이를 처리하는 방식을 통상 내부기장(자체기장)이라고 부르며, 외부 회계/세무사무소 등에 수수료를 주고 맡기는 방식을 외부기장이라고 부릅니다.

외부기장의 경우 상대적으로 적은 비용으로 회사의 재무제표 작성을 맡길 수 있다는 장점이 있습니다. 해당 비용을 절감해서 회사 사업 다른 영역에 재원으로 사용할 수 있을 것입니다.

다만 아무래도 회사의 내부 인력이 관리하는 경우에 비하여, 각 회계처리에 대한 거래의 실제 내용을 정확히 파악하지 못하여 부정확한 내용으로 장부작성이 이루어질 수 있는 한계점이 있습니다. 회사 거래가 많고 복잡할수록, 외부기장을 맡기는 기간이 길어질수록 회사 재무정보 및 자료의 정확도는 내부기장(자체기장)의 경우보다 상대적으로 떨어질 수밖에 없습니다.

이처럼 내부기장(자체기장)의 방식이 내용적인 측면에서는 바람직한 것은 명백해 보입니다만, 회사의 규모가 아직은 소규모일 경우 등 소위 가성비를 따져야 하는 경우라면 비용적인 측면에서는 외부기장이 유리한 방식이라고 할 수 있습니다.

내부기장으로 전환해야 하는 시기는?

위의 내용을 보면 내부기장(자체기장)으로 진행하는 것이 회사의 장기적인 관점에서 바람직한 것은 분명해 보입니다. 다만 이에 대한 비용 등을 고려할 때, 언제가 외부기장에서 내부기장으로 전환해야 할 최적의 시기일지 고민이 될 수 있습니다.

결론부터 말하면, 근시일 내로 외부회계감사를 받아야 할 것으로 예상되어질 때, 중요한 외부투자유치를 계획하고 있다던가, 장기적으로 회사 밸류업을 목표로 하고 있는 경우 등에는 내부기장(자체기장)으로 변환하거나 도입하는 것이 바람직합니다. 이러한 경우에서는 회사의 재무제표에 대한 중요도와 정확도가 요구되는 시점이기 때문에 자체적으로 재무정보를 파악/관리할 수 있어야 합니다.

혹은 이런 필요, 목적과 별개로 회사의 현재 재무상황, 규모 등을 고려하여 외부기장 서비스를 의뢰하여 지급될 수수료 금액과 내부기장(자체기장)을 진행할 경우 발생할 비용(재무팀원의 채용 및 이로 인한 추가 발생 비용)과 동일한 수준이라고 할 경우라면, 더 이상 외부기장의 비용적인 이점은 없으므로 내부기장(자체기장)을 선택하는 것이 바람직하다고 할 수 있겠습니다.

〈사례〉

회사 대표 A씨는 최근 늘어나는 회사 매출실적 호조에 힘입어 공장 증설을 계획하고 있습니다. 이에 따라 상당한 금액이 필요할 것으로 예상하고 있는데 주변 지인들 중 일부는 "대출을 받아라", 일부는 "투자를 받아라" 의견이 분분합니다. 투자와 대출이 뭐가 다른 건지, 어떤 의사결정을 하는 것이 맞을지 고민이 되는 요즘입니다.

투자와 대출의 차이

투자와 대출은 자금이 필요한 회사 입장에서 자금조달을 목표로 한다는 점에서는 동일합니다. 학술적으로 투자 및 대출에 대한 명확한 구분 기준이 있는 것도 아니고 법적으로 정의되어 분류되는 개념도 아닙니다.

다만, 자금 집행 시에 중요한 의사결정 포인트, 자금을 공급하는 입장에서의 얻고자 하는 이익, 자금 조달에 대한 반대급부 등을 기준으로 투자성격인지 대출성격인지 등으로 실무적으로 구분이 될 수 있습니다.

우선 대출의 큰 특징으로는 회사의 미래성장성보다는 <u>현재 충분한 현</u>

금을 보유하고 있거나 벌어들이고 있는지를 기초로 향후 원리금을 회수할 수 있는지를 보고 자금조달이 이루어진다는 점을 들 수 있습니다. 회사의 과거 매출실적, 재무지표, 신용도 등을 주요 판단 지표로 삼으며, 회사 자산 혹은 대표이사 등의 재산을 담보로 요구하는 것이 일반적입니다. 결국 현재까지 해 오던 대로 회사가 향후 계속적으로 운영되는 것을 전제로 하여 의사결정이 이루어진다고 볼 수 있습니다.

반면, 투자는 대출에 비해서는 현재시점까지의 재무실적 등 정량적인 요소보다는, 미래 회사의 성장성 및 가능성에 초점을 맞춰서 자금조달이 이루어지는 방식이라고 할 수 있습니다. 대출에 비해서 소위 "하이리스크 하이리턴"을 지향하며, 모험적인 요소가 큰 방식이라고 할 수 있습니다. 그만큼 대출에 비하여 자금을 빌려주는 입장에서는 원금보장의 불확실성이 존재하지만, 회사가 크게 성장하였을 경우에는 크게 수익을 얻을 수 있는 구조입니다.

대출의 경우 원리금 회수여부에 초점이 맞춰져 있기 때문에 현재 안정적인 수준의 회사 운영이 지속되는 업체에 대해서 주로 자금집행이 이루어지는 반면, 투자의 경우 원리금 회수 이상의 수익률(투자자 입장에서의 목표수익율)을 목표하기 때문에 현재 어느 정도 돈을 버는 회사의 경우라도 향후에 크게 성장할 비전이 제시되지 못하면 투자가 이루어지지 않기도 합니다.

투자의 장단점

투자는 현재 당장 유의미한 수준의 재무실적이나 영업성과를 내지 못하는 경우에도 회사의 잠재력(예를 들어, 기술력 보유, 탁월한 비즈니스 모델 보유 등)을 가지고 있는 업체가 자금을 확보할 수 있는 방법입니다. 당장 양호한 재무실적, 높은 신용도 및 담보 가능한 자산 등이 없더라도 미래 성장성을 제시하여 자금을 유치할 수 있다는 장점이 있습니다. 다만 이렇다 보니 투자자 입장에서는 향후에 원금조차 회수할 수 없을 가능성이 있으며, 투자를 받은 업체 입장에서는 회사가 크게 성장한 경우 대출에 비하여 더 많은 회사의 수익을 투자자에게 나눠 줘야 하는 일도 생깁니다.

대출의 장단점

과거까지의 경영실적에 대한 성적표 개념인 재무제표, 신용도, 담보 여부 등을 기초로 자금조달 여부가 결정됨에 따라서, 충분한 정량적인 요소를 가진 업체에서는 자금조달이 용이하지만, 반면 그 자금규모는 제한적일 수 있습니다. 대출을 필요로 하는 업체가 비슷한 규모의 업체라면 대출 규모 또한 대동소이하게 이루어집니다.

또한 회사 실적에 대한 관점이 투자자에 비해서 단기적이다 보니 회사 입장에서는 일시적으로 실적이 악화되는 경우에도 투자에 비해서 대출기관 등으로부터 즉각적인 피드백(이자조건 재조정/대출만기 연장 등)을 받는 부담도 발생합니다.

이러한 투자와 대출의 특징을 요약하면 다음과 같습니다.

구분	투자	대출
용도	보통 운영자금 용도	자산 취득, 기존 대출 차환 등 다양
조달 규모	회사의 기업가치 (Valuation)에 비례	회사 신용도, 담보, 재무상황 등에 비례
상환 기한	비교적 장기	비교적 단기
투자/대출 주요 심사대상	대상회사 성장잠재력	대상회사의 안정적인 현금흐름 창출능력 (원리금 상환가능 여부 등)
투자(대출)자의 이익	대상회사 상장(IPO), M&A 등을 통한 높은 목표수익률 추구	사전에 정해진 조건에 따른 안정적인 원리금 상환 선호

따라서 향후 회사가 나아가고자 하는 방향성 및 사업 전망 등을 고려해서 적절한 자금조달 방식을 선택해야 할 것입니다.

〈사례〉

회사 영업 성격상 지점이 여러 곳에 존재하는 A회사 대표이사 김 모 씨는 주변 지인으로부터 본점을 수도권이 아닌 지방으로 이전하면 여러 가지 세제상 혜택을 받을 수 있다는 말을 들었습니다.

그동안 사업을 하기 위해서는 많은 회사들이 밀집해 있고, 인력조달도 용이한 수도권이 막연히 낫다고 생각하여 수도권에서 본점을 운영하고 있었으나, 본인 회사 사업구조를 고려해 보면 본점이 지방이어도 관계가 없다는 생각이 들었습니다. 김 모 씨는 본점 등록을 지방지점으로 이전하는 것을 두고 어떠한 장점이 있을지 고민하고 있습니다.

본/지점의 개념

위 사례에서 본점과 지점의 개념은 모두 세법상의 개념이라고 할 수 있습니다. 국내 법인세 및 부가세 규정에서는 사업장소재지가 있는 경우라면 모두 지점 등록(사업자등록)을 하도록 되어 있으며, 이러한 지점들 중 주된 총괄 사무소의 소재지를 본점으로 설정하도록 하고 있습니다.

본점을 지방지점으로 변경 시 세제상 혜택

위 사례에서처럼 굳이 회사의 주된 사업장이 수도권에 있어야 하는 상황이 아니라면, 회사 본점을 지방으로 이전하거나 창업시점부터 지방에 본점을 등록하는 것을 고민해 볼 필요가 있습니다.

정부가 국가균형발전을 도모하기 위하여 지방에 본점을 설정하는 기업을 상대로 세제상 혜택을 주는 제도가 있기 때문입니다.

이러한 세제상 혜택을 요약하면 다음과 같습니다.

구분	대상	수도권인 경우	수도권 외 지역인 경우	비고
창업중소기업세액감면(*1)	법인세 산출 세액	청년창업 중소기업 50% 감면 * 5년간 감면	청년창업 중소기업 100% 감면, 청년 아니어도 50% 감면 * 5년간 감면	사업장 여러곳인 경우 사업장별 발생 소득별로 다른 감면율 적용하나, 본점 수도권이면 전체 적용 배제
중소기업특별세액감면(*2)	법인세 산출 세액	소기업 10%~20% 중기업 없음	소기업 10%~30% 중기업 5%~15%	
통합투자세액공제(*1)	연간 투자 금액	산업단지 내 투자이거나 일부항목 외 적용불가	투자금액의 10%+α 세액공제	각 투자 자산 소재지별로 적용
통합고용세액공제(*2)	상시 근로자 증가분	청년 등 상시근로자 인당 1,550만 원 그 외 상시근로자 인당 950만 원	청년 등 상시근로자 인당 1,450만 원 그 외 상시근로자 인당 850만 원	상시근로자가 상주하는 사업장소재지별로 적용 3년간 인원이 감소하지 않는 경우 3년간 동일 금액공제가능

(*1) 수도권과밀억제권역 「수도권정비계획법」 제6조 제1항 제1호	(*2) 수도권 「수도권정비계획법」 제2조 제1호
- 서울특별시 전체 해당, 인천광역시는 일부 제외 - 경기도 : 의정부시, 구리시, 하남시, 고양시, 수원시, 성남시, 안양시, 부천시, 광명시, 과천시, 의왕시, 군포시 전체 해당 / 남양주시, 시흥시는 일부 제외	서울특별시, 인천광역시, 경기도 전체 해당

일부 기업의 경우 본점 자체는 지방에 설정하고, 인력 조달을 위한 일부 사업장(지점)만 수도권에 설치하여 두 가지 장점을 꾀하는 경우도 있습니다. 아무래도 수도권에 사업장이 있어야 젊은 층의 인력지원을 받을 수 있는 현실적인 부분도 있기 때문입니다.

에필로그

개인적으로는 책 출간은 두 번째입니다. 첫 번째 책인 '이성우 변호사의 변론외전' 출간을 준비하면서, 글을 쓰는 것도, 쓴 글을 끊임없이 퇴고하는 것도 참으로 지난한 과정이었습니다.

그래서 이번에는 공저자 형태로 책 출간을 구상하였고 역시 '백지장도 맞들면 낫다'라는 속담은 전혀 틀리지 않았습니다.

다시 한번 더 집필에 참여해 주신 공저자분들께 감사 말씀 전하며 공저 형태의 저희 글을 꼼꼼히, 단계별로 검수해 주신 출판사 실무자분께도 감사 말씀드립니다.

개인적인 바람이 있다면 이 책에서 중소기업 전반의 법적, 회계적 문제를 다루었는데, 다음 번에는 '스타트업'으로 칭해지는 신생창업 기업 흥망성쇠(興亡盛衰) 과정에서의 법률문제를 다뤄 보고 싶습니다.

중소기업법률지원단 변호사로서 스타트업 회사 설립, 자금 모집, IPO, 주주간 협약, 회생 및 파산 등에 대한 자문이 적지 않게 있었기 때문입니다.

마지막으로 주말에 주로 집에서 이 책을 집필하였는데, 이를 묵묵히 양해해 주고 일반 독자의 관점에서 꼼꼼히 초고를 검토해 준 아내에게 감사의 말을 전합니다.

글쓰기는 어렵습니다. 업무의 대부분은 글을 쓰는 것이지만, 여전히 글을 쓸 때마다 어떤 내용으로 채워야 할지 막막합니다. 1년 차 때보다 글 쓰는 속도가 그다지 빨라진 것 같지도 않습니다.

공저자분들의 제안이 없었다면, 책을 출판한다는 일은 그야말로 제 머릿속 상상으로만 머물렀을 것입니다. 「9988 중소기업 법률지원단」 제도를 통하여 공저자분들과 인연을 맺을 수 있는 소중한 기회를 제공해 주신 법무부 상사법무과 관계자 분들께 깊이 감사드립니다.

이해관계가 복잡하게 얽힌 법률 분쟁이 몇 가지 사례 설명만으로 바로 해결되지는 않을 것입니다. 그럼에도 법률 문제로 어려움을 겪는 분들에게 해결책에 이르는 고민과 생각의 단초를 제시할 수 있다면 저희 글은 소임을 다한 것이라 생각합니다.

AI 시대에 돌입하면서, 생활에서 접하는 웬만한 문제들은 인공지능이 일차적인 답변을 내놓고 있습니다. 기업을 운영하는 과정에서 접하는 법률 문제 역시 크게 다르지 않을 수도 있습니다.

그러나 모든 일이 그렇듯, 핵심적이고 결정적인 사항들은 디테일에 숨어 있습니다. AI의 대략적인 대답이 큰 틀에서 방향성을 잡는 데 도움이 될 수 있으나, 법률 문제는 언제나 90% 원칙 밖에 있는 10%의 세부적인 예외 상황에서 발생하고, 이러한 것까지 AI가 해답을 제시하여 주지는 못합니다.

또한 대부분의 법률 문제는 단 한 번의 답변이 중요한 것이 아니라, 이를 풀어나가는 과정에서 지속적인 소통과 변화에 대한 대응, 임기응변이 해결의 핵심이 될 수 있습니다. 이러한 측면에서, 기업을 운영하는 독자분들은 법률 문제를 해결하여 줄 동반자와 같은 전문가를 찾는 것이 꼭 필요할 수 있습니다.

이 책과 이 책의 저자들이 독자분들에게 그러한 동반자가 될 수 있기를 기대해 봅니다.

"내가 작가라니!!!"

거창한 주제보다는, 어느 회사에서나 초창기에 겪을 수 있는 일반적인 회계 주제들을 전하고 싶었습니다. 업계에는 훌륭한 선배 회계 전문가분들이 많고, 더 깊이 있는 전문 지식을 전달하실 수 있는 분들이 계시기에, 저는 제가 할 수 있는 수준에서 담백하게 이야기를 풀어내고자 했습니다.

기업실무 특히 회계 관련 실무에 종사하시는 분들이 잠시 책을 펼쳐보시고 조금이라도 유용한 정보를 얻어가실 수 있다면, 제 글의 쓰임새는 충분했다고 생각합니다.

공동 집필의 기회를 제안해 주신 이성우 변호사님께 감사드리며, 집필과 퇴고의 노고를 함께 나눈 최연석 변호사님, 신기현 변호사님, 김민진 변호사님께도 수고 많으셨다는 말씀을 전합니다. 언젠가 다시 집필할 기회가 주어진다면, 조금 더 깊이 있는 주제에도 도전해 보고 싶습니다. 감사합니다.

부록

중소기업 법률지원제도 등 안내

이 책의 변호사 필자들은 모두 9988 중소기업 법률지원단 소속 자문변호사입니다. 9988은 99%의 중소기업과 88%의 중소기업 근로자의 숫자에서 따온 것으로 그만큼 중소기업이 우리 경제를 이끈다는 의미입니다.

하지만 막상 법률 지원이 필요할 때 대기업과 달리 중소기업은 일면으로는 비용이 부담되기도 하고, 다른 면으로는 어느 변호사와 접촉해야 하여야 하는지에 대한 고민이 많은 것으로 알고 있습니다. 이에 9988 중소기업 법률지원단 제도를 소개해드리오니 많은 지원 신청 바라겠습니다. 법무부 9988 중소기업법률지원단(9988law.com) 홈페이지 내용을 일부 인용하되, 변경된 내용을 추가 반영하였습니다.

개요

법무부 9988 법률지원단은 경영과정에서 법률문제를 겪고 있는 중소기업을 위하여 기업운영, 채권회수, 지식재산권, 파산 및 회생 등 중소기업 제반 법률문제 해결을 위한 지원을 하고 있습니다. 법무부 9988 법률지원단에는 IT, 지식재산, 특허, 도산, 일반 민·상사 6개 전문분야의 변호사 154명이 소속되어 중소기업을 위한 법률지원 활동을 펼치고 있습니다.

 중소기업을 위한 법률, 회계가이드

지원범위

내부업무규정 등에 따라 지급하되, 비용지원 최고한도를 신청 건당 100만 원으로 함

　* 소송의 경우 건당 200만 원을 지원함

　* 일 년에 신청 건을 한 기업당 2건으로 하되, 다만 선 신청 건의 지원이 완료되어야 추가 신청이 가능함.

신청절차

법률지원단 '신청접수 > 국내 법률지원' 코너 이용

① 법률지원 온라인 신청: 기업현황 포함하여 해당 양식에 따라 온라인 신청

필요서류 온라인 제출: 대표자확인서, 사업자등록증사본, 소기업·소상공인·보육기업 확인서(입주기업 확인서 포함), 법인등기부등본(법인인 경우)

② 지원 대상 여부 심사 및 결과 통보: 확인증 발급

　* 신청 후 지원 대상이 된다고 판단하면, 법률지원단장 명의 확인증이 발급되는데 신청 후 1~2주정도 소요

지원 분야: 기업경영, 등기, 정관설계, 지분구조, 사무실 계약, 투자계약서, 거래·용역계약, 근로관계, 지식재산권 등 기업 관련 제반 법률문제 검토

지원 제외 분야

- 기업경영과 직접 관련 없는 기업주 개인의 법률문제

- 형사사건 및 행정사건

- 임금체불·해고 등 근로자 기타 사회적 약자 상대 분

- 그밖에 법률지원 제도의 취지상 지원이 부적절한 경우

③ 자문계약 체결: 대상기업이 발급받은 확인증을 지참, 희망하는 지원
　단 소속 변호사에게 직접 의뢰하여 자문계약 체결

④ 법률자문변호사 신청: 자문계약을 체결한 변호사가 해당 양식에 따
　라 온라인 신청(계좌번호 포함)

　필요서류 온라인 제출: 지원 변호사 확인서, 자문계약서 사본, 사업
　자등록증(변호사)

　※ 자문계약서는 각 변호사 사무실별 양식으로 작성하면 됨

⑤ 자문수행

⑥ 법률자문완료 및 지원금 신청: 법률자문완료 후 지원 변호사가 해당
　양식에 따라 지원금의 지급을 온라인 신청

　필요서류 온라인 제출: 서약서

⑦ 사후심사 및 지원금 지급: 변호사에게 지급, 지원금 이외에 부가가치
　세 부분은 사업자인 변호사가 직접 징수

⑧ 법률자문 만족도 조사: 지원 대상기업이 온라인을 통해 설문 답변

기술보호법무지원단

(https://www.ultari.go.kr/portal/psi/legalSupport.do)

지원대상

- 중소기업 기술보호 관련 **사전예방 지원이 필요한 중소기업** 또는 기술탈취·유출 등으로 **피해구제가 필요한 중소기업***

  * 중소기업기본법 제2조 제1항에 따른 중소기업

지원내용

- (법률자문) 변리사, 변호사 등 법률전문가를 중소기업에 매칭하여 기술보호 관련 법률 자문 제공(최대 60시간, 3개월 이내 지원)
- ① 중소기업 기술, 지식재산권 보호 관련 서류작성 지원 등 기술유출 방지를 위한 사전예방 자문 지원
- ②기술탈취·유출 등의 분쟁 관련 법률상담 및 처리방향 제시
- ③ 특허심판·소송 등 기술침해 법적대응 방안 마련

지원절차

- 연중 상시 접수
- 접수방법: 이메일 접수(주소: law@win-win.or.kr)
- 세부내용 및 신청서는 상단 "법무지원단 사업안내 및 신청서"를 활용하여 내려받기 가능

법무지원단 문의 및 신청

대 · 중소기업 · 농어업협력재단 (기술보호 통합 상담 · 신고센터)

TEL: **02-368-8787**

중소벤처기업부비즈니스지원단
(https://www.smes.go.kr/bizlink/support/guide.do)

전문상담 이용안내

- 방문: 해당 지역 지방 중소벤처기업청에 직접 방문하여 상담
- 인터넷: 비즈니스지원단 현장클리닉(www.smes.go.kr/bizlink) 회원가입 → 비즈니스지원단(www.smes.go.kr/bizlink) "상담요청"

  전화: ☎1357(고객지원센터) 또는 각 지방청 비즈니스지원단 전화로 상담

지원 대상

① 전문상담 지원대상: 중소·벤처기업, 소상공인, 자영업자 등 경영·기술 상 애로가 있는 모든 중소기업 관련자

② 현장클리닉 지원대상: 중소기업기본법 제2조 제2항에 따른 소기업과 [별표1]에 해당하는 예비창업자로 하되, 불건전 영상게임기 제조업, 유흥오락업 등 [별표 2]를 제외한 업종. 단, 업종이 2개 이상일 경우에는 지원 제외업종이 있더라도 주 업종(매출액 기준)이 [별표 2]에 해당하지 않으면 현장클리닉을 지원받을 수 있다.

③ 현장클리닉 지원을 받고자 하는 지원기업과 예비창업자는 [별지1] 서식의 개인정보 수집·이용 동의서 외 사업자등록증명원(최근 3개월 이내)·중소기업 확인서(중소벤처기업부장관 발급, 소기업 표기)

를 제출하여야 한다.

④ 예비창업자의 경우, 사업자등록 사실여부 증명서(국세청 홈텍스 발급) 및 [별표1]에 해당되는 서류를 제출하여야 한다.

지원 분야

① 지원단 지원 분야는 창업, 경영전략, 마케팅·디자인, 법무, 금융, 인사·노무, 회계(세무), 수출입, 기술, 특허, 정보화, 생산관리 등과 관련된 절차, 제도, 교육 등 기업의 모든 경영·기술 애로에 필요한 자문을 지원

② 제1항의 지원 분야 중 다음 각 호의 경우는 지원을 제외한다.

1. 세무, 회계, 노무, 특허, 관세 등 기존에 거래하던 고객과 진행 중인 자문을 연계하는 경우

2. 관세환급 청구 대리 등 관세법에 의한 수출입 절차 등 대행, 세무조정(기장) 대행, 특허출원 및 등록대행, 인증 등 관련 업무를 대행하는 경우

3. 이의신청·심사청구 및 심판청구의 대리, 산재 등 기타 소송 관련 업무를 대행하는 경우

  중소기업을 위한 법률, 회계가이드

한국콘텐츠진흥원 해외수출센터 법률지원

(https://welcon.kocca.kr/ko/business/counsel-guide)

- **지원대상** 콘텐츠 분야 업계
- **주요내용** 콘텐츠 해외진출 비즈니스 관련하여 장르별, 분야별 국내외 전문가에게 쉽게 문의하고 무료 상담을 받을 수 있는 서비스입니다.
- **문의 콘텐츠해외진출지원센터**: 02-6441-3621

상담분야

법률: 해외진출 관련 계약서 검토 및 법률 자문

지식재산권: 저작권 보호 및 해외출원 등록 관련 자문

조세: 비즈니스 관련 세무 / 회계

금융(투자): IR 보고서 검토, 투자유치 전략 해외

마케팅: 해외 시장 정보 및 홍보/마케팅 방법

창업: 사업계획, 비즈니스 모델 검토

자문위원 구성현황

장르별: 방송, 게임, 애니메이션, 캐릭터, 웹툰, 음악, 패션, 신기술 융합 콘텐츠 등

분야별: 법률, 지식재산권, 조세, 금융(투자), 해외마케팅, 창업

국가별: 국내, 미국, 중국, 일본, UAE, 인도네시아, 태국

직종별: 변호사, 변리사, 회계사, 업계, 투자심사역, 기관/협단체, 학계

상담방법

화상상담 / 서면상담 / 대면상담

※ 대면상담은 콘텐츠해외진출지원센터(서울시 중구 청계천로 40, CKL
   기업지원센터 16층)에서 진행됩니다.

     중소기업을 위한 법률, 회계가이드